Matthias Weber

"Höhenflug"

Konzept eines BCI-Computerspiels zur Höhenangst-Reduktion

disserta
Verlag

Weber, Matthias: "Höhenflug". Konzept eines BCI-Computerspiels zur Höhenangst-Reduktion. Hamburg, disserta Verlag, 2015

Buch-ISBN: 978-3-95935-206-2
PDF-eBook-ISBN: 978-3-95935-207-9
Druck/Herstellung: disserta Verlag, Hamburg, 2015
Covermotiv: © carlosgardel – Fotolia.com

Bibliografische Information der Deutschen Nationalbibliothek:
Die Deutsche Nationalbibliothek verzeichnet diese Publikation in der Deutschen Nationalbibliografie; detaillierte bibliografische Daten sind im Internet über http://dnb.d-nb.de abrufbar.

© disserta Verlag, Imprint der Diplomica Verlag GmbH
Hermannstal 119k, 22119 Hamburg
http://www.disserta-verlag.de, Hamburg 2015
Printed in Germany

Inhaltsverzeichnis

1 Abbildungsverzeichnis...2
2 Einleitung...4
3 Serious Game..7
    3.1 Definition...7
    3.2 Ähnliche Begriffe...10
    3.3 Affective Game...11
    3.4 Komponenten...14
    3.5 For Health..17
        3.5.1 Einsatzgebiete, Ziele und Zielgruppen...19
        3.5.2 Klassifizierung..21
        3.5.3 Interaktionswerkzeuge...21
        3.5.4 Spiel-Engines...22
        3.5.5 Effekt...23
        3.5.6 Weitere Beispiele...25
    3.6 Fazit...30
4 Angst..31
    4.1 Therapie...32
5 Sensoren..34
    5.1 Bewegungs-/ Raumsensoren...36
    5.2 Biosensoren und Biofeedback...37
    5.3 Neurofeedback, EEG-Sensoren und BCIs...39
        5.3.1 EEG-Computerspiele und -Beispiele...46
        5.3.2 EPOC und Computerspiele..56
        5.3.3 Mindwave und Computerspiele..60
            5.3.3.1 Funktionsprinzip..60
            5.3.3.2 Für und Wider...65
            5.3.3.3 Video-Experiment von Chak...67
            5.3.3.4 Mindset Development Tool..68
            5.3.3.5 Beispiel-Computerspiele...69
            5.3.3.6 Fazit..71
6 Spiel-Engines..72
    6.1 Unreal Engine versus Unity..75
    6.2 Unreal Engine plus Mindwave Beispiele..77
    6.3 Unity plus Mindwave Beispiele..78
7 Oculus Rift..81
8 ‚Höhenflug'..83
    8.1 Inspiration..83
    8.2 Vorüberlegungen...88
        8.2.1 Allgemeines...88
        8.2.2 Prinzipien..90
        8.2.3 Steuerung...93
    8.3 Spielentwicklung mit Unity..94
        8.3.1 Gestaltung..94
        8.3.2 Quelltexte..97
    8.4 Erweiterungen und Verbesserungen..102
9 Schluss...105
10 Quellen...106
11 Anhang...119
    11.1 Quelltext..119
    11.2 Danksagung und Gender-Disclaimer 124

1 Abbildungsverzeichnis

Abbildung 1: Anzahl Serious Games 1989-2012 (Wattanasoontorn et al., 2013, S. 234)............................7
Abbildung 2: Ähnliche Begriffe zu Serious Game (Kasperczak, 2013, S. 4)...11
Abbildung 3: (Serious-)Game-Komponenten (Wattanasoontorn et al., 2013, S. 232)............................15
Abbildung 4: Serious-Game-Entwicklungs-Komponenten (Wattanasoontorn et al., 2013, S. 233)..........17
Abbildung 5: Maslows Bedürfnis-Pyramide (Wattanasoontorn et al., 2013, S. 232)............................18
Abbildung 6: SG4H-Klassifizierung (Wattanasoontorn et al., 2013, S. 235).......................................21
Abbildung 7: SG4H-Interaktionsmethoden (Wattanasoontorn et al., 2013, S. 243)............................22
Abbildung 8: SG4H-Spiel-Engines (Wattanasoontorn et al., 2013, S. 244).......................................22
Abbildung 9: Fatworld..24
Abbildung 10: Outbreak at Watersedge...24
Abbildung 11: Re-Mission...25
Abbildung 12: Carmen's bright IDEAS..26
Abbildung 13: ErgoActive...27
Abbildung 14: BalanceFit..27
Abbildung 15: Elm City Stories...28
Abbildung 16: FearNot!..39
Abbildung 17: Virtuelle Expositionstherapie (Runte, 2011, S. 8)..33
Abbildung 18: Sensorenübersicht (Christy & Kuncheva, 2014, online)...34
Abbildung 19: LEAP Motion...36
Abbildung 20: Real Sense 3D..37
Abbildung 21: NeXus..39
Abbildung 22: TrueSense (TrueSense Exploration Kit Descriptions, 2015, online)..............................39
Abbildung 23: Beispielaufzeichnung von EEG-Wellen (Chak, 2010, S. 25).......................................40
Abbildung 24: Hirnstromwellen-Frequenzbänder (Jillich, 2014, S. 32)..41
Abbildung 25: Hirnstromwellen-Frequenzbänder (MindWave Mobile User Guide, 2012, S. 12)..............41
Abbildung 26: EEG-Interpretation (Cho & Lee, 2011, S. 2)...43
Abbildung 27: EEG-Interpretation (Wang et al., 2010, S. 5)..43
Abbildung 28: Erstes BCI-Computerspiel (Vidal, 1977, S. 637)..50
Abbildung 29: Mindball..51
Abbildung 30: MindBalance (Lecuyer et al., 2008, S. 2)...52
Abbildung 31: BCI-Pac-Man (Krepki et al., 2007, online)..53
Abbildung 32: BrainBasher (Plass-Oude Bos et al., 2010, S. 160)..53
Abbildung 33: EMOShooter (Saari et al., 2009, online)...54
Abbildung 34: AlphaWoW (Plass-Oude Bos et al., 2010, S. 163)..55
Abbildung 35: Bacteria Hunt (Plass-Oude Bos et al., 2010, S. 170)..56
Abbildung 36: Emotiv EPOC...57
Abbildung 37: FREE (FREE, 2015, online)..57
Abbildung 38: StoneHenge (StoneHenge, 2015, online)..58
Abbildung 39: Homecoming (Homecoming, 2015, online)..58
Abbildung 40: Spirit Mountain Demo Game (Spirit Mountain Demo Game, 2015, online).......................59
Abbildung 41: Dancing Robot und Brain Chi (Wang et al., 2010, S. 6)...59
Abbildung 42: Son of Nor...60
Abbildung 43: Mindwave (MindWave Mobile User Guide, 2012, S. 5 / S. 11)....................................62
Abbildung 44: Mindwave-Daten (Chak, 2010, S. 21)...63
Abbildung 45: Diagramm zu „Geist erscheint" (Chak, 2010, S. 44)...67
Abbildung 46: The Adventures of NeuroBoy (The Adventures of NeuroBoy, 2015, online)......................69
Abbildung 47: Judecca (Chack, 2010, S. 15)..70
Abbildung 48: Spiel-Engine-Kontextdiagramm (Chak, 2011b, S. 22)...72
Abbildung 49: ‚Konzentrationsturm' (Jackie Liu 2014: 0:50-0:59) und „Mind Shield"
              (Chak, 2011b, S. 79)...77
Abbildung 50: Throw Trucks with your Mind!..78
Abbildung 51: Licht und Nebel (Cho & Lee 2014, S. 7)..78
Abbildung 52: Autorennspiel (Jillich, 2014, S. 73)..79
Abbildung 53: „Palace fire scene" (Jillich ‚2014, S. 72)...80

Abbildung 54: Oculus Rift DK2...82
Abbildung 55: VRET bzgl. Höhenangst...83
Abbildung 56: pit room (Sanchez-Vives & Slater, 2005, S. 336)..84
Abbildung 57: Islands (PlayMancer, 2008, online)..85
Abbildung 58: Great Power (VRWiki, 2013, online)..85
Abbildung 59: Soar (Ponczek, 2013, online)..86
Abbildung 60: DEEP (vgl. Ginx - Videogaming Television 2015)...87
Abbildung 61: Nevermind (TJ Smith Gaming 2015)...88
Abbildung 62: EEG-Spiel-Grundprinzip (Cho & Lee, 2011, S. 2)...90
Abbildung 63: Heißluftballon-Zündflamme..96
Abbildung 64: GUI...96
Abbildung 65: Pause-Menü...97

3

2 Einleitung

Computerspiele haben eine mehr als 50-jährige Historie und sind mittlerweile ein fester Bestandteil der Alltagskultur vieler Menschen sowie ein bedeutsamer Wirtschaftszweig. Allein in Deutschland betrug der Umsatz in der Games-Branche im Jahr 2013 ca. 1,8 Milliarden Euro (vgl. Bundesverband Interaktive Unterhaltungssoftware e.V., 2015, online). Zum Vergleich: Der Umsatz bei Kinofilmen betrug hierzulande im gleichen Jahr ca. eine Milliarde Euro (vgl. Filmförderungsanstalt, 2015, online). Auch die kulturelle Bedeutung von Computerspielen ist unbestreitbar, wie auch der Geschäftsführer des Deutschen Kulturrates, Olaf Zimmermann, zum Ausdruck brachte: „Computerspiele sind ein Kulturgut. Sie müssen als solches behandelt werden und verdienen eine öffentliche Förderung" (Deutscher Kulturrat, 2015, online; Weber, 2009, S. 3).

In der Computerspiel-Geschichte waren es auch immer wieder neue Interaktionsformen, die als Motoren die Computerspiel-Entwicklung vorantrieben (Chak, 2010, S. 1): „Since the invention of digital games, human has been actively pursuing new kinds of interfaces which enable communication between the games and the players" (Chak, 2010, S. 4). Manche sehen bereits die Möglichkeiten der in jüngster Vergangenheit aufgekommenen Bewegungs-Controller wie bspw. *Microsoft*s *Kinect* erschöpft und Biofeedback wie bspw. Brain-Computer-Interfaces (kurz: BCIs) als nächste große Innovation im Bereich Eingabegeräte (vgl. Chak, 2010, S. 1). Diese Prognose bekräftigend ist zu beobachten, dass, um beim Biofeedback-Beispiel BCI zu bleiben, derartige BCIs auch für den normalen Verbrauchermarkt und zu immer geringeren Preisen angeboten werden (vgl. Chak, 2010, S. 6). Allerdings sind bislang wenige Spiele erhältlich, die von BCIs Gebrauch machen. Biofeedback- und BCI-Spiele fristen also derzeit noch ein Nischendasein. Aber verschiedene Stimmen prognostizieren derartigen Spielen eine wachsende Bedeutung in der Zukunft, wie z.B. Erin Reynolds, Spieldesignerin des Biofeedback-Spiels *Nevermind* (siehe Kapitel 8.1):

„I strongly believe that biofeedback technology is the next step for player interaction in interactive entertainment [...] biofeedback enhanced game experiences are among the major next steps in gaming evolution. By using biofeedback sensors, the game is able to not only listen to the player's conscious intentions, but also to listen to the player's subconscious feelings and raw reactions. This possibility adds an entirely new level of immersion to the experience"   (Reynolds, 2012, S. 51f.).

Biofeedback- und BCI-Spiele lassen sich klassifizieren als sog. Serious Games bzw. als Serious Games for Health (kurz: SG4H; siehe Kapitel 3.5).

Ziel der vorliegenden Arbeit ist es, ein Konzept für ein BCI- bzw. EEG-Biofeedback-Computerspiel zu entwickeln, wobei die Bezeichnung Spiel zu diskutieren ist. Dabei sollen aktuelle Erkenntnisse und Prinzipien aus ähnlichen Arbeiten anderer Autoren Beachtung finden. Wünschenswert wäre ein höhenangsttherapeutischer Nutzen.

Zur Einordnung der vorliegenden Arbeit: Spieldesignerin Erin Reynolds äußerte 2012, Serious Games for Health seien immer noch relatives Neuland, in welchem die verschiedenen, an solch einem Spiel zu beteiligenden Disziplinen noch unzureichend zusammenarbeiten würden und somit noch kein echter Konsens dahingehend bestünde, ein SG4H zu entwickeln, welches Spaß mache und einen therapeutischen Nutzen habe (vgl. Reynolds, 2012, S. 81).

Auch 2015 ist diese Problematik noch aktuell und auch die Entwicklungsarbeit im Rahmen der vorliegenden Arbeit wird diesem Anspruch nur ungenügend gerecht und verdeutlicht die Problematik vielmehr.

Zur Gliederung der vorliegenden Arbeit: In Kapitel 3 soll zunächst der Begriff Serious Game und ähnliche beleuchtet werden. Nach einer kurzen Behandlung des Themas Angst in Kapitel 4 geht es in Kapitel 5 um Sensoren – speziell auch um die Auswahl eines geeigneten Sensors für das Vorhaben im Rahmen der vorliegenden Arbeit. Im Anschluss werden im Kapitel 6 sog. Spiel-Engines vorgestellt, verglichen und wiederum eine Auswahl für die vorliegende Arbeit getroffen. Kapitel 7 beschäftigt sich mit dem Head-Mounted Display *Oculus Rift* und dessen Integrationsmöglichkeit ins

Projekt zur vorliegenden Arbeit. Das Kapitel 8 setzt sich mit der konkreten Verwirklichung der erwähnten Projektidee zu einer Anwendung (Software) auseinander. Im Kapitel 9 wird ein Fazit gezogen.

3 Serious Game

In diesem Kapitel sollen zunächst der Begriff Serious Game und ähnliche Begriffe thematisiert werden.

3.1 Definition

Der Terminus Serious Game wurde schon 1971 von Clark C. Abt in seinem Buch mit gleichem Namen genannt, wenngleich es hierbei noch nicht direkt um digitale Spiele wie man sie heute kennt ging und gehen konnte. 2002 sorgte dann das Spiel *America's Army*, welches zu Rekrutierungszwecken von der United States Army angeboten wurde, für eine Etablierung des Begriffs. In der Folgezeit festigte sich der Begriff zudem durch zunehmende Forschung in diese Richtung sowohl im anglofonen Kulturkreis als auch ab 2007 in ganz Europa (vgl. Kasperczak, 2013, S. 2; vgl. Lampert et al., 2009, S. 2). Im gleichen Jahr fand in Deutschland erstmals die *Serious Games Conference* statt und das hessische Wirtschaftsministerium initiierte den *Serious Games Award* (Lampert et al., 2009, S. 3). Die zunehmende Bedeutung von Serious Games lässt sich auch an deren steigender Anzahl in den letzten Jahren ablesen (siehe Abbildung 1).

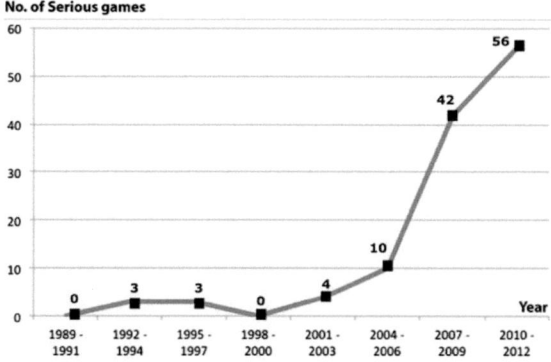

Abbildung 1: Anzahl Serious Games 1989-2012 (Wattanasoontorn et al., 2013, S. 234)

Eine klare, homogene und abgrenzende Definition des Begriffs Serious Game ist und bleibt schwierig. Zunächst sei bezüglich des Terminus Game die häufig zitierte Erklärung Huizingas angeführt: „A game is a physical or mental contest with a goal or objective, played according to a framework, or a set of rules, which determines what a player can and cannot do inside a game world." (Wattanasoontorn et al., 2013, S. 232)

Problematischer wird die Begriffsbestimmung hinsichtlich des gesamten Terminus Serious Game. Vielfach findet sich dabei die Betonung eines realweltlichen Wissenstransfers: „In our definition, serious games are computer games that impart knowledge, train capabilities as well as enable them to apply this knowledge meaningful. The knowledge is transferable into the ‚real world'" (Radkowski et al., 2011, S. 45).

Clark C. Abt fokussierte den Bildungszweck: „Wir haben es hier mit ernsten Spielen in dem Sinne zu tun, dass diese Spiele einen ausdrücklichen und sorgfältig durchdachten Bildungszweck verfolgen und nicht in erster Linie zur Unterhaltung gedacht sind" (Lampert et al., 2009, S. 3; Abt, 1971, S. 26). Oder ähnlich formuliert: „serious games can be defined as (digital) games used for purposes other than mere entertainment" (Yessad et al., 2013, S. 56). Im Prinzip scheint diese grundsätzliche Auffassung der Verbindung von Unterhaltung und Bildung unverändert. So versteht p.e. das Netzwerk *Serious Games Berlin* Serious Games kurz gefasst wie folgt: „Unter Nutzung von Technologien und Spieldesign-Prinzipien aus dem Unterhaltungssoftware-Bereich werden nützliche Inhalte (serious) mit angenehmen Emotionen (game) verbunden" (Serious Games Berlin , 2012, online).

Hieraus ergibt sich jedoch die Frage, was als bildender und nützlicher Anteil im Spiel angesehen werden kann. Dies scheint zumindest teilweise subjektiv. Denkbar sind hierbei sowohl Serious Games welche ihren eigentlichen Bildungszweck verfehlen als auch ‚Unterhaltungsspiele', die quasi als nicht intendierten Nebeneffekt Inhalte vermitteln, die vom jeweiligen Spieler als nützlich empfunden werden. Die in der Literatur zu findende Unterscheidung zwischen Unterhaltungsspielen und Serious Games ist also keineswegs immer trennscharf (vgl. Kasperczak, 2013, S. 3).

Der potentielle Nutzen von Serious Games kennt vielfältige Ausprägungen, u.a.:

- Handlungstraining

- Testsimulation der Wirklichkeit

- Problemlösungskompetenz-Steigerung

- Wissensvermittlung und kognitives Training

(vgl. Serious Games Berlin , 2012, online).

Die Vorteile liegen dabei auf der Hand, wie bspw.:

- Vermeidung realer Konsequenzen / Risiken

- sofortige Fehlerkontrolle und Lernen aus Fehlern

- Lernen als selbstorganisierter, kognitiver Prozess

- oft Kostenersparnis gegenüber realweltlichem Lernszenario

(vgl. Serious Games Berlin, 2012, online).

Serious Games können zielgruppenspezifisch ausgerichtet sein und sich an den verschiedensten Computerspiel-Genres orientieren. Eine Einteilung in Genre-Kategorien lässt sich wie folgt vornehmen:

- Military games

- Government games

- Corporate Games

- Educational games

- Healthcare games

(vgl. Mayr & Petta, 2013, S. 57).

Serious Games an sich bilden also kein eigenes Genre im herkömmlichen Sinn, sondern greifen bestehende Genre-Spezifika auf und implementieren diese mehr oder weniger ausgeprägt und kombiniert. Serious Games bleiben ergo auch an dieser Stelle terminologisch indifferent. Eine genauere Klassifizierung gestaltet sich schwierig, was auch die Abgrenzung zu anderen, ähnlichen Begriffen erschwert. In der Praxis „wird der Begriff für alle Computerspiele benutzt, die für Simulationen, Bildung und Trainingszwecke in unterschiedlichen Anwendungsgebieten (z.B. Bildungssektor, Medizin, Militär) eingesetzt werden, was eine klare Abgrenzung zu anderen

Computerspielen erschwert, die eine pädagogische Intention verfolgen" (Lampert et al., 2009, S. 4).

3.2 Ähnliche Begriffe

Den Terminus Serious Game von ähnlichen Begriffen zu unterscheiden ist also bisweilen schwierig, da der Terminus zu diesen ähnlichen Begriffen mitunter keine trennscharfen Grenzen bildet (vgl. Kasperczak, 2013, S. 3) bzw. synonym mit diesen verwendet wird (vgl. Lampert et al., 2009, S. 3). Zu diesen ähnlichen Begriffen gehören: (Digital) Game-Based-Learning ((D)GBL), Edutainment sowie E-Learning.

E-Learning umfasst u.a. die Themen Distanzlernen, interaktive Lerntechnologien bzw. computerbasiertes Lernen (vgl. Kasperczak, 2013, S. 4). Der Begriff ist also relativ weit und allgemein gefasst, weswegen auch Serious Games durchaus unter E-Learning subsumiert werden können (vgl. Kasperczak, 2013, S. 4). Serious Games bieten jedoch zusätzlich einen starken spielerischen Aspekt.

Edutainment stellt eine Wortkreuzung aus Education und Entertainment dar und meint „spielerische multimediale Lernumgebungen" respektive „Unterhaltungsangebote, die unterhalten sollen und gleichzeitig bildende Anteile beinhalten" (Kasperczak, 2013, S. 5). Im Unterschied zum Serious Game werden hierbei die Inhalte nicht während des Spielens vermittelt, sondern das Spielen fungiert quasi als Belohnung für das Lernen (vgl. Serious Game: Wikipedia, 2014, online). Anders ausgedrückt: „Während bei Edutainment-Titeln in der Regel der Spielteil als Belohnung für das Gelernte erfolgt, also nicht integrativer Bestandteil dessen ist, was man lernt, werden bei Serious Games die Lerninhalte und -aufgaben (‚educational missions') in die Spielwelt integriert" (Lampert, 2009, S. 5).

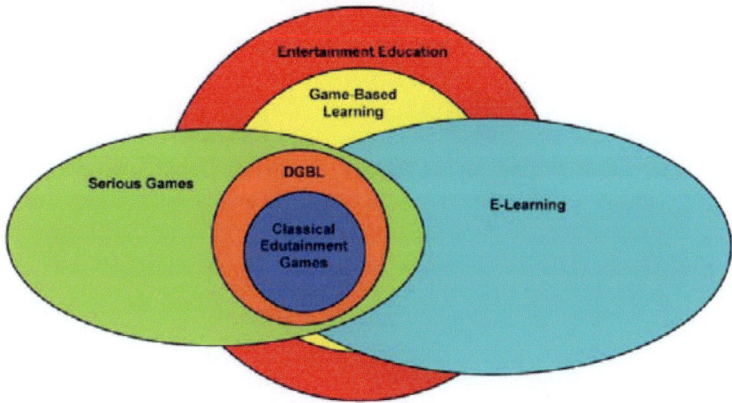

Abbildung 2: Ähnliche Begriffe zu Serious Game (Kasperczak, 2013, S. 4)

Game-Based-Learning bzw. Digital Game-Based-Learning bezeichnet pädagogische Angebote, bei denen ein Spielfaktor als motivationale Stütze eingesetzt wird, wodurch dem Nutzer im Idealfall quasi beiläufig Inhalte vermittelt werden. Wichtig ist hierbei die Balance von Spielen und Lernen: Kommt die spielerische Komponente zu kurz, verkommt das Interaktionsangebot zum bloßen Lernprogramm – ist die spielerische Komponente dagegen zu stark ausgeprägt, kann nur von einem normalen Spiel gesprochen werden (vgl. Kasperczak, 2013, S. 4).

Abbildung 2 veranschaulicht die erwähnten Begriffe und deren Beziehungen in einer Übersicht.

3.3 Affective Game

„Affective Game" ist ein weiterer Terminus, welcher im Zusammenhang mit Serious Game betrachtet werden kann und an dieser Stelle gesondert thematisiert werden soll, v.a. in Bezug auf dessen Unterscheidbarkeit zum Begriff des Biofeedback-Spiels, da dies als relevant für die vorliegende Arbeit erachtet werden kann.

Bei Affective Games wird quasi versucht, emotionale Zustände des Spielers zu erfassen um damit das Spielgeschehen entsprechend zu verändern (vgl. Vachiratamporn, 2013, S. 576). Anders formuliert:

> „The term affective gaming refers to [...] games in which the players' behavior directly affects the games objectives and gameplay. More precisely, the emotional state and actions of a player can be correctly recognized and properly used in order to alter the gameplot and offer to the player an increased user experience feeling"
>
> (Kotsia et al., 2012, S. 1).

Ziel der Entwicklung solcher Spiele ist es also diese derart ‚intelligent' zu gestalten, dass sie in jedem spezifischen Moment die ‚Gefühle' des Spielers erfassen, bspw. durch EEG-Messungen (siehe Kapitel 5.3; vgl. Kotsia et al., 2012, S. 1), um mit den daraus abgeleiteten Effekten in der Spielwelt ein realistischeres und befriedigenderes Spielerlebnis schaffen (vgl. Kotsia et al., 2013, S. 663).

Zum Unterschied zwischen Biofeedback-Spiel und Affective Game: Gilleade et al. erklären, dass das bloße Einbeziehen von biosensorischen Daten in ein Computerspiel dieses Spiel nicht zu einem Affective Game mache. Als Beispiel dient *Bionic Breakthrough* (1983), ein Spiel für welches die elektrische Aktivität auf den Stirnmuskeln des Spielers gemessen werden sollte mittels eines Gerätes namens *Atari MindLink*. Damit wurde lediglich die übliche Steuerung via eines Spiele-Controllers ersetzt, was es zu einem Biofeedback-Spiel mache. Ein Affective Game zeichne sich jedoch durch „affective feedback" aus. Dies bedeute, „the computer is an active intelligent participant in the biofeedback loop" (Gilleade et al., 2005, S. 3), der Einsatz von biosensorischen Daten gehe also über die Steuerung des Spiels hinaus. Gilleade et al. erläutern den Unterschied zwischen Biofeedback-Spiel und Affective Game des Weiteren wie folgt: Beim Biofeedback-Spiel obliege dem Spieler die Kontrolle seiner physiologischen Reaktionen zur Steuerung in der Spielwelt. Beim Affective Game jedoch soll sozusagen die natürliche bzw. unkontrollierte, affektive Reaktion des Spielers erfasst werden und der Spieler sich möglicherweise nicht bewusst sein, dass seine physiologischen Daten benutzt werden. Im Biofeedback-Spiel kontrolliere also der Spieler das Spiel mit seinen biosensorischen Daten wo hingegen im Affective Game das

12

Spiel quasi unwillkürlich von diesen biosensorischen Daten beeinflusst werde. Es sei somit abhängig von Game-Design, ob ein Spiel den Charakter eines Biofeedback-Spiels oder Affective Games habe (vgl. Gilleade et al., 2005, S. 3).

Gilleade et al. weisen jedoch hin auf die Problematik bei der Unterscheidung von Biofeedback-Spiel und Affective Game: Oftmals trenne diese nämlich nur eine dünne, undeutliche Grenze. Angeführt wird das Beispiel eines Computerrennspiels von Bersak et al., bei welchem der Spieler sich entspannen muss, um zu gewinnen. Im Spiel steuert der Spieler mittels seiner gemessenen elektrodermalen Aktivität die Geschwindigkeit einer Spielfigur: je entspannter der Spieler, desto schneller die Spielfigur. Auf den ersten Blick also scheinbar ein Biofeedback-Spiel, in welchem die sonst übliche Steuerung mittels eines Eingabegerätes ersetzt wird durch physiologische Daten. Laut Gilleade et al. konterkariere dieses Spiel jedoch den typischen Wettbewerbscharakter von Computerspielen, in denen man üblicherweise nicht entspannen kann bzw. muss, um zu gewinnen. Bersak et al. ermittelten, dass Spieler dieses Spiels folgende Schwierigkeiten damit hatten: Sie wiesen einen steigenden Erregungszustand während des Spielens auf, was dazu führte, dass sich die Geschwindigkeit der Spielfigur verringerte und das Spiel somit verloren ging, woraus wiederum ein erhöhter Erregungszustand resultierte. Da es sich hierbei also um unkontrollierte Reaktionen des Spielers handele, könne von einem Affective Game gesprochen werden. Denkbar wäre jedoch, dass Spieler ihre physiologischen Reaktionen bewusst und willentlich besser zu kontrollieren lernen, was wiederum eher dem Charakter eines Biofeedback-Spiels entspräche (vgl. Gilleade et al., 2005, S. 3).

Diese aufgezeigte Problematik erscheint relevant für das im Rahmen dieser Arbeit zu entwickelnde Konzept, in welchem eher die Idee eines Biofeedback-Spiels realisiert werden soll. D.h. es soll für den Spieler darum gehen, das Spiel mittels seiner biosensorischen Daten bewusst zu kontrollieren bzw. kontrollieren zu lernen und so eine traditionelle Steuerung via eines Spiele-Controllers o.ä. zu ersetzen. Dabei ist das oben geschilderte Problem denkbar, dass Spieler das Spiel als scheinbar unkontrollierbares Affective Game erleben, was nicht dem eigentlich verfolgten Game-Design entspräche. Ziel ist vielmehr eine Spielerfahrung zu ermöglichen, bei welcher der Spieler zu einer

13

willentlichen Steuerung des Spielgeschehens findet und damit möglicherweise Selbstwirksamkeit erfährt.

3.4 Komponenten

Spiele und damit auch Computerspiele enthalten laut Wattanasoontorn et al. fünf voneinander unterscheidbare Komponenten. Zunächst wäre die Regel- bzw. Gameplay-Komponente zu nennen, welche die Regeln des Spiels und Spielens festlege. Des Weiteren existiere die Herausforderungs-Komponente, die bestimmt sei durch Belohnungen des Spielers und Hürden, welche dem Spieler im Weg stehen und so den Schwierigkeitsgrad beeinflussen, der den Spieler motivieren und das Spielerlebnis letztlich postiv gestalten soll. Überdies gäbe es eine Interaktions-Komponente, welche die Kommunikation des Spielers mit dem Spiel repräsentiere. Als letzte Komponente wird die Ziel-Komponente angeführt, welche sich aufspalten lasse in explizit und implizit. Als explizites Ziel wird in diesem Zusammenhang die reine Unterhaltung aufgefasst. Implizite Ziele wären die Verbesserung bestimmter Fähig- und Fertigkeiten sowie Wissens- und Erfahrungserwerb beim Nutzer. Implizite Ziele würden demnach Serious Games von sonstigen Computerspielen unterscheiden, da Serious Games implizite und explizite Ziele beinhalten, wohingegen sonstige Computerspiele lediglich explizite Ziele bieten (vgl. Wattanasoontorn et al., 2013, S. 232). Abbildung 3 stellt die genannten Komponenten in einer Übersicht dar.

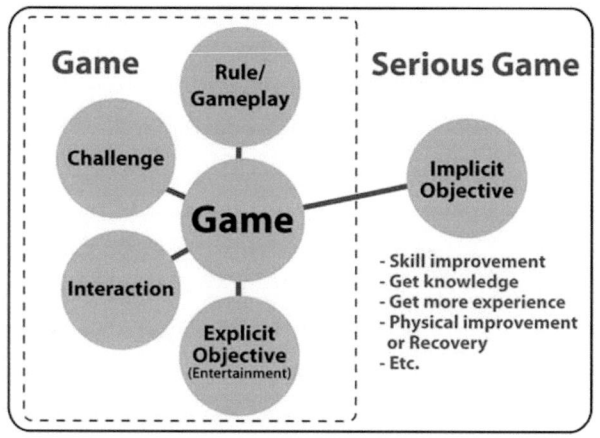

Abbildung 3: (Serious-)Game-Komponenten (Wattanasoontorn et al., 2013, S. 232)

Diese Komponenten angewendet auf das im Rahmen dieser Arbeit zu entwickelnde Konzept lässt sich vorab folgendes festhalten: Bezüglich der Regel- bzw. Gameplay-Komponente wird es wichtig sein, diese Regeln dem Spieler in geeigneter Form mitzuteilen, evtl. mittels eines Tutorials zu Beginn. Um der Herausforderungs-Komponente gerecht zu werden bedarf es einiger Überlegungen hinsichtlich der Frage, welche Herausforderung(en) dem Spieler gestellt werden soll (sollen) und wie der Spieler derart motiviert werden kann, dass er sich diesen gern stellt. Die Interaktions-Komponente betreffend besteht die Besonderheit des zu entwickelnden Konzepts darin, dass EEG-Daten des Spielers zum Einsatz kommen sollen. In puncto explizite Ziel-Komponente soll das Spiel durchaus einen gewissen Unterhaltungswert besitzen, da angenommen wird, dass dadurch der gewünschte Effekt begünstigt wird, den gerade ein Serious Game bietet und welcher auch als implizite Ziel-Komponente beschrieben werden kann: hier im konkreten Fall die intendierte Höhenangst-Reduktion. Diese genannten Fragestellungen sollen in Kapitel 8 aufgegriffen werden.

Auch aus der Produktions- bzw. Entwicklungsperspektive lassen sich diverse Komponenten eines Serious Games erkennen, wie in Abbildung 4 gezeigt (vgl. Wattanasoontorn et al., 2013, S. 232). Angewandt auf die Entwicklung im Rahmen der vorliegenden Arbeit lassen sich folgende Bezüge herstellen: Das Entwickler-Team besteht lediglich aus dem Autor dieser Arbeit und übernimmt folglich in Personalunion die entsprechenden Aufgaben wie Design und Programmierung. Auf in das Projekt eingebundene „Content Provider" konnte verzichtet werden, teilweise wurde auf frei verfügbare Inhalte zurückgegriffen. Somit entfällt auch der Einsatz einer „Design Application". Als „Game Engine" fungierte *Unity* (siehe Kapitel 6). Verwendete Technologien sind hinsichtlich des Themas „Virtual Reality" durch das *Oculus Rift* repräsentiert. Als Ziel kann „Treatment" verstanden werden. Das Genre lässt sich am ehesten als „Simulation" beschreiben. Anvisierte Plattform ist der Personal Computer (PC), da nur mit diesem die geplante Einbindung von *Oculus Rift* (siehe Kapitel 7) und *Neurosky Mindwave* (Kapitel 5.3.3) möglich erscheint, weil bislang nur für den PC Gerätetreiber-Software für beide Geräte verfügbar ist. Das *Neurosky Mindwave* lässt sich im betrachteten Komponenten-Modell von Wattanasoontorn et al. als spezielle Ausrüstung anführen. Die Spieler-Komponente betreffend gelte es für die Entwickler, die Spieler-Zielgruppe zu definieren, wozu diverse Kriterien möglich seien, wie bspw. Spielertyp und Spielerfahrung. Beachtet werden sollen dabei die impliziten und expliziten Ziele aus obigem Komponenten-Modell, da nur deren genügende Berücksichtigung den gewünschten ‚Spielerfolg' im von den Entwicklern intendierten Sinn beim jeweiligen Spieler ermögliche. Abbildung 4 fasst die Serious-Game-Entwicklungs-Komponenten grafisch zusammen (vgl. Wattanasoontorn et al., 2013, S. 232ff.).

Abbildung 4: Serious-Game-Entwicklungs-Komponenten (Wattanasoontorn et al., 2013, S. 233)

3.5 For Health

Serious Games, welche sich dem Thema Gesundheit zuordnen lassen, werden auch spezifischer als Serious Games for Health (kurz: SG4H) bezeichnet. Dabei geht es im engeren Sinne um Computerspiele, welche weniger zum reinen Zweck der Unterhaltung entwickelt werden, sondern vielmehr spezifisch dazu dienen sollen, die Gesundheit des Spielers positiv zu beeinflussen. Dies heißt jedoch nicht, dass derartige Spiele nicht auch einen Unterhaltungswert bieten – ganz im Gegenteil: „Voraussetzung ist in jedem Fall – und im Zusammenhang mit gesundheitsbezogenen Themen umso mehr – eine sorgfältige Aufbereitung der zu vermittelnden Inhalte sowie eine Form der Umsetzung, die den Unterhaltungscharakter nicht beeinträchtigt" (Lampert et al, 2009, S. 13f.). Computerspiele, welche in erster Linie zur Unterhaltung entworfen wurden und quasi als Nebeneffekt gesundheitsfördernd sind, gelten im engeren Sinne nicht als Serious Games for Health – beispielhaft wäre hier *Wii Sports* für die *Nintendo-Wii*-Spielkonsole zu nennen, welches im Bereich Rehabilitationssport Anwendung findet (vgl. Lampert, 2009, S. 6f.).

Sostmann et al. liefern eine relativ prägnante Definition, welcher sich der Autor der vorliegenden Arbeit anschließt: „Serious Games for Health werden durch ihre immersiven, multimodalen und interaktiven Eigenschaften als bestimmende Gattungsmerkmale definiert, die auch das Erreichen von medizinischen Heilansätzen als Ziele beinhalten können" (Sostmann et al., 2010, online).

Um die Bezeichnung Serious Games for Health genauer zu betrachten muss der Begriff ‚Health' also ‚Gesundheit' beleuchtet werden. Wattanasoontorn et al. stellen in diesem Zusammenhang einen Bezug zu Maslows Bedürfnis-Pyramide her. Gesundheit – als eine der wichtigsten menschlichen Bedürfnisse in jedwedem Alter – wird dementsprechend dort in der zweitwichtigsten Kategorie aufgeführt (siehe Abbildung 5). Außerdem beeinflusse das Fehlen von Gesundheit auch die oberen Bedürfnis-Kategorien der Pyramide negativ (vgl. Wattanasoontorn et al., 2013, S. 232). Computerspielen, welche gesundheitsfördernde Effekte aufweisen sollen, kann demnach generell und theoretisch betrachtet ein hoher Stellenwert zugewiesen werden, wenngleich die Frage nach Art und Stärke dieses Effekts im konkreten Fall kritisch untersucht werden muss, um diesem Stellenwert gerecht zu werden. Die Grundidee bleibt jedoch unbestreitbar in jedem Fall per se bedeutsam für eine Großzahl potentieller Nutzer.

Abbildung 5: Maslows Bedürfnis-Pyramide (Wattanasoontorn et al., 2013, S. 232)

Zur Etablierung der Thematik potentiell gesundheitsfördernder Computerspiele hat sicherlich die Gründung des ersten Instituts zu diesem Themenfeld namens *Games for Health Project* im Jahr 2004 beigetragen. Drei Jahre später wurde das *Health Games Research Program* an der *University of California* in Santa Barbara aus der Taufe gehoben und damit ein Beitrag zur Expansion des Forschungsbereichs geliefert. Hierzulande spiegelte dann im Jahr 2008 die vom *Bundesverband Interaktive Unterhaltungssoftware e.V.* und *Nordmedia* (Film- und Mediengesellschaft Niedersachsen/Bremen mbH) ausgerichtete Konferenz „Serious Games for Health – Spiele in der Medizin" auf der Informationstechnik-Messe *CeBIT* eine wachsende Neugier an diesem Themenfeld wider (vgl. Lampert, 2009, S. 6f.).

Sostmann et al. prognostizierten mit Verweis auf diverse Experten, dass sich die Thematik Serious Games for Health „sowohl in der medizinischen Ausbildungsforschung als auch im Bereich der Patientenversorgung kontinuierlich weiterentwickeln wird" (Sostmann et al., 2010, online).

Die Frage, ob die im Rahmen der vorliegenden Arbeit entwickelte Anwendung als Serious Games for Health deklarierbar ist kann hier nicht abschließend und eindeutig geklärt werden, wenngleich eine solche Deklaration wünschenswert wäre.

3.5.1 Einsatzgebiete, Ziele und Zielgruppen

Lampert et al. geben an, dass sich 2008 acht Prozent der Serious Games dem Bereich Gesundheit zuordnen ließen, wobei es folgende konkretere Einsatzgebiete gäbe: „bei Schulungen von medizinischem Personal, als therapeutisches Element bei psychischen und physischen Erkrankungen oder – wenngleich eher selten – im Bereich Prävention und Gesundheitsförderung (z.B. als Aufklärungsmittel)" (Lampert, 2009, S. 6f.). Die Bandbreite der thematisierten Bereiche reiche von „HIV/AIDS, Asthma bronchiale, Diabetes mellitus bis hin zu psychischen Erkrankungen wie z.B. Schizophrenie und Phobien." (Lampert et al., 2009, S. 6f.). Letztgenanntes soll auch in der vorliegenden Arbeit aufgegriffen werden – Stichwort: Akrophobie bzw. Höhenangst (siehe Kapitel 4).

Serious Games for Health verfolgen je nach Einsatzgebiet verschiedene Ziele, bspw. „die Verbesserung der Compliance, die Unterstützung medikamentöser oder therapeutischer Maßnahmen oder psychotherapeutischer Interventionen und die Vermittlung von Informationen zur Verbesserung präventiver Maßnahmen" (Sostmann et al., 2010, online).

Sostmann et al. weisen darauf hin, dass es bereits einige Serious Games for Health für die medizinische Ausbildung gibt, die bspw. bezüglich des Trainings „von praktischen und theoretischen Fertigkeiten und Arbeitssituationen" eingesetzt werden (Sostmann et al., 2010, online). Derartige Serious Games for Health hätten sich dabei als effektiv erwiesen (vgl. Sostmann et al., 2010, online). Als Beispiel nennen Sostmann et al. ein Forschungsprojekt an der *Charité* (Universitätsklinikum in Berlin) namens *SimMed*. Dabei handelt es sich um einen Multitouch-Tisch, auf welchem ein krankes Kind in realer Größe und hoher grafischer Qualität sowie mit bestimmten äußerlichen Abnormitäten dargestellt wird. Dieses ,virtuelle Kind' reagiert je nach ,Behandlung' via Berührungsinteraktionen. Ziel des Ganzen ist ein Wissenstransfer von der Theorie in die Praxis (vgl. Sostmann et al., 2010, online).

Laut Sostmann et al. würden Serious Games for Health im Bereich Prävention und Gesundheitsförderung in erster Linie als Aufklärungsmedium zu gesundheitlichen Thematiken zum Einsatz kommen, wie bspw. Krebs, gesunde Ernährung und vor allem AIDS. Zu Letzterem nennen die Forscher als Exempel die Spiele *Shagland*, *Catch the Sperm* sowie *Interactive Nights Out*. Letztgenanntes wurde von US-amerikanischen Soldaten gespielt und soll bezüglich der Prävention eine positive Wirkung hervorgerufen haben (Sostmann et al., 2010, online).

Lampert et al. äußerten die Prognose, dass weitere Serious Games for Health konzipiert würden, in erster Linie derartige mit Bezug zu Therapien für eine fest umrissene Zielgruppe. Der Vorteil dabei sei, „dass die Konkurrenz zu Vollpreistiteln nicht so gross [sic] ist, da durch das Gesundheits- oder Krankheitsthema ein engerer Bezug besteht, der eine höhere Involvierung und damit einen erwartbar höheren Lernerfolg begünstigt"

(Lampert et al, 2009, S. 14). Ein solcher „Lernerfolg" ist auch für das zu erarbeitende Konzept im Rahmen der vorliegenden Arbeit wünschenswert, was jedoch zu prüfen wäre.

3.5.2 Klassifizierung

Wattanasoontorn et al. zeigen diverse Möglichkeiten der Klassifizierung von Serious Games for Health auf (siehe Abbildung 6). Das zu erarbeitende Konzept im Rahmen der vorliegenden Arbeit ließe sich bspw. nach dem Spielzweck „Focus on health" klassifizieren.

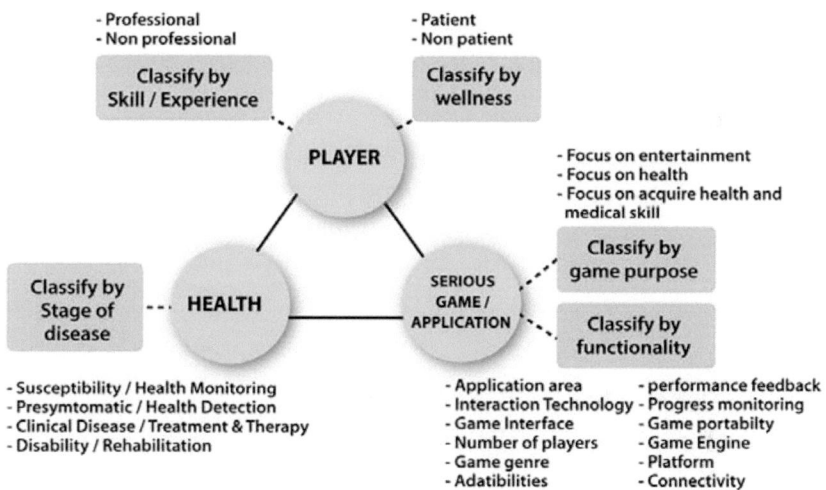

Abbildung 6: SG4H-Klassifizierung (Wattanasoontorn et al., 2013, S. 235)

3.5.3 Interaktionswerkzeuge

Die Forscher liefern bei den von ihnen untersuchten Serious Games for Health auch eine interessante Übersicht zu den Interaktionsmethoden bzw. Interaktionswerkzeugen (siehe Abbildung 7). Dabei fällt auf, dass Elektroenzephalografie (EEG) und virtuelle

Realität (VR) relativ wenig vertreten sind. Die Kombination der beiden dürfte noch unwahrscheinlicher sein. Genau diese Kombination soll in dem im Rahmen der vorliegenden Arbeit zu erarbeitenden Konzept zur Anwendung kommen, weswegen jenes Konzept diesbezüglich einen gewissen Sonderstatus einnimmt.

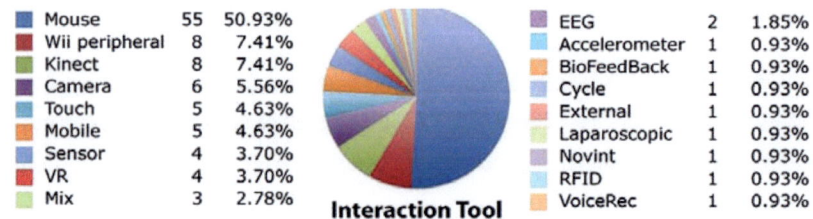

Abbildung 7: SG4H-Interaktionsmethoden (Wattanasoontorn et al., 2013, S. 243)

3.5.4 Spiel-Engines

Wattanasoontorn et al. untersuchten auch mit welcher Software bzw. Spiel-Engine (siehe Kapitel 6) die betrachteten Serious Games for Health entwickelt wurden (siehe Abbildung 8). Im Rahmen der vorliegenden Arbeit soll die bei Wattanasoontorn et al. aufgeführte Laufzeit- und Entwicklungsumgebung *Unity* zum Einsatz kommen.

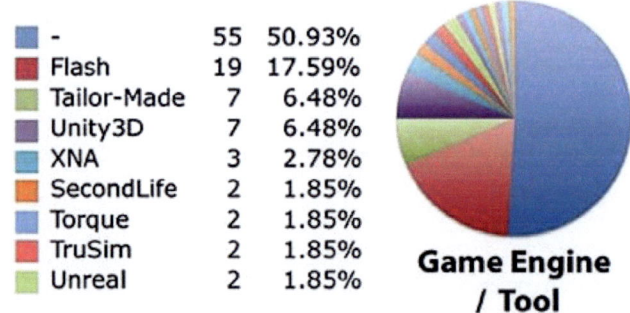

Abbildung 8: SG4H-Spiel-Engines (Wattanasoontorn et al., 2013, S. 244)

3.5.5 Effekt

Die Wirkung bzw. Wirksamkeit von Serious Games und speziell Serious Games for Health ist von besonderem Interesse, jedoch eine problematische Thematik: „Für Serious Games allgemein und insbesondere denen mit Gesundheitsbezug liegen bislang nur wenige Studien vor, die einen tatsächlichen Effekt – in diesem konkreten Fall auf den Gesundheitszustand der Spieler – nachweisen konnten" (Lampert et al., 2009, S. 10f.). Lampert et al. sehen einen Grund für die wenigen Studien in der unklaren Abgrenzung des Begriffs bzw. der Spielegattung. Die Forscher führen mit Verweis auf Baranowski et al. jedoch an, dass es zumindest Hinweise auf Effekte gäbe: „Im Rahmen einer Übersichtsstudie [...] wurde festgestellt, dass bei 24 von 25 Serious Games, die im Medizin- oder Gesundheitsbereich eingesetzt wurden, Indikatoren für eine Wirksamkeit, wie z.B. Wissenszuwachs, Verhaltens- und/oder Einstellungsänderungen, vorlagen" (Lampert et al., 2009, S. 11; vgl. Baranowski et al. 2008).

Letztgenannte Verhaltensänderung des Spielers ist ein generelles Ziel vieler Serious Games for Health, um damit präventive oder therapeutische Intentionen zu begünstigen. Diese Verhaltensänderung ist jedoch oft schwierig nachzuweisen und ebenso schwierig zu erzeugen. Sostman et al. führen exemplarisch das Spiel *Fatworld* an (siehe Abbildung 9[1]), welches die intendierte Verhaltensänderung beim Nutzer in Richtung einer gesünderen Ernährung nicht bewirke, da es die Thematik zu kompliziert präsentiere. Positive Erwähnung findet bei den Forschern hingegen *Outbreak at Watersedge* (siehe Abbildung 10[2]), ein Informations- und Rekrutierungsspiel für Jobs im Bereich Gesundheitswissenschaften im Stil eines detektivischen Adventures, da es bildhaft und reell das Metier veranschauliche (vgl. Sostmann et al., 2010, online).

---

1 http://www.persuasivegames.com/games/files/fatworld/game0.jpg

2 http://www.gameclassification.com/files/games/OutbreakatWatersedge.jpg

Abbildung 9: Fatworld   *Abbildung 10: Outbreak at Watersedge*

Sostmann et al. verweisen auf diverse Untersuchungen, die Effekte von Serious Games for Health in unterschiedlichen Gebieten belegen würden. So z.B. bezüglich sog. Exergames (Wortkreuzung aus exercise und game):

> „Für Exergames wurde die Evidenz in randomisierten kontrollierten Studien nachgewiesen (Spiele, die eine aktive Bewegung des gesamten Körpers der Spielers erfordern, um einen Spielerfolg zu erzielen, wie z.B. Wii Sports). Die Studien konnten die Wirksamkeit der Spielanwendungen in der Reduzierung von bewegungsarmen Verhaltensweisen bei den Spielern nachweisen"   (Sostmann et al., 2010, online).

Auch für jüngere Diabetes-Patienten gäbe es nachweisbar wirksame Angebote hinsichtlich eines gesteigerten „Therapieerfolges", ebenso für Kinder mit Asthma. Gleichermaßen würden Serious Games for Health eigens für Schmerz-Patienten existieren, welche „nachweislich schmerzmindernd" wären (vgl. Sostmann et al., 2010, online).

Abbildung 11: Re-Mission

Dieses Unterkapitel abschließend sei noch auf das relativ berühmte Spiel *Re-Mission* eingegangen, welches entwickelt wurde für den Einsatz bei Kindern und Jugendlichen mit Erkrankungen wie Non-Hodgkin-Lymphomen und Leukämie (siehe Abbildung 11[3]). Eine Untersuchung von Kato et al. zeige ein „verbesserte[s] Präventionsverhalten" und eine „gesteigerte positive Selbstwahrnehmung" der betroffenen Spieler (Sostmann et al., 2010, online). Konkreter hätte die Analyse ergeben, dass die Spieler Verbesserungen bei der Medikamenteneinnahme zeigten, mehr über ihre Krankheit lernten, eine höhere krankheitsbezogene Selbstwirksamkeits-Erwartung aufwiesen und die eigene Lebensqualität selbst besser bewerteten (vgl. Lampert et al., 2009, S. 11f.).

3.5.6 Weitere Beispiele

Beispiele für Serious Games for Health gibt es mittlerweile diverse. Eine relativ umfangreiche Liste bieten Wattanasoontorn et al. (Wattanasoontorn et al., 2013, S. 238ff.). An dieser Stelle sollen nur einige weitere genannt werden, um einen Einblick in deren Vielfalt zu gewähren.

---

3   http://twimgs.com/informationweek/1140/Screen2007HR_lrg.jpg

Abbildung 12: Carmen's bright IDEAS

Carmen's bright IDEAS aus dem Jahr 2000 bspw. ist ein Serious Game for Health, welches auch als interaktives, pädagogisches Drama bezeichnet wird (siehe Abbildung 12[4]). Das Spiel verfolgt einen sog. agentenbasierten Ansatz. Dies bedeutet, dass der Spieler eher indirekt das Spielgeschehen steuert und nicht direkt die Rolle des Spielprotagonisten einnimmt, in diesem Fall einer Mutter mit einem an Leukämie erkrankten Kind. Vielmehr werden dem Spieler im konkreten Beispiel immer wieder verschiedene innere Gedanken der Protagonistin präsentiert aus welchen der Spieler wählen muss. Diese Wahl beeinflusst den emotionalen Zustand der Spielfigur, deren weitere Gedanken sowie Verhaltensweisen und damit insgesamt den Spielverlauf. Das Spiel soll Müttern von krebskranken Kindern helfen mit den psychischen und alltäglichen Problemen besser umzugehen, die derlei Erkrankungen mit sich bringen. Dazu soll ein spezielles Problemlösungsverfahren namens IDEAS vermittelt werden (vgl. Mayr & Petta, 2013, S. 57).

Zum Vergleich: Das bereits oben thematisierte Spiel *Re-Mission* ist ebenfalls auf die Thematik krebskranker Kinder ausgerichtet, jedoch wird nicht wie in *Carmen's bright IDEAS* ein agentenbasierter Ansatz verfolgt, sondern der Spieler kann hier direkt die Steuerung der Spielfigur via Third-Person-Perspektive und damit des Spielgeschehens übernehmen. Auch die Zielgruppe ist direkter gewählt, nämlich die betroffenen Kinder selbst.

---

4 http://www.isi.edu/isd/carte/proj_parented/description.html

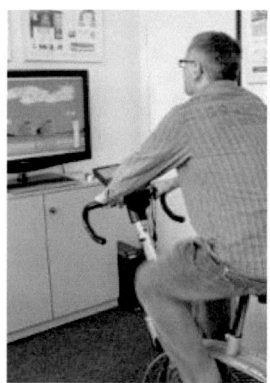
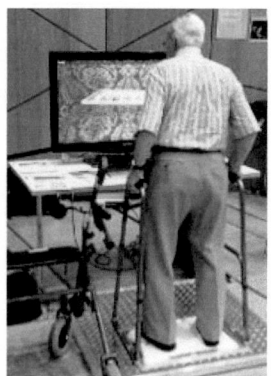

Abbildung 13: ErgoActive   *Abbildung 14: BalanceFit*

Im Bereich Prävention sollen an dieser Stelle die Exergames *ErgoActive* und *BalanceFit* erwähnt werden, welche vom *Hessischen Telemedia Technologie Kompetenz-Center e.V.* und der *Universität Darmstadt* entwickelt wurden. Bei beiden Exergames werden Daten des Nutzers erhoben und ins Spiel einbezogen, um das Spiel an den jeweiligen Spieler anzupassen und damit eine höhere Motivation zu schaffen für das Spielen und damit das Trainieren. Im Falle von *ErgoActive*, einem Exergame u.a. zum Vorbeugen von Herz-Kreislauf-Erkrankungen, werden mittels eines Ergometers bzw. Crosstrainers Leistungsdaten des Spielers ermittelt (siehe Abbildung 13[5]; vgl. Göbel et al., 2014, S. 556). Konkret kann der Nutzer bspw. im Modus ,Taubenflug' einen Vogel in der Spielwelt mittels Trittfrequenz steuern, um virtuelle Briefe zu sammeln (vgl. Göbel et al., 2014, S. 556). Bei *BalanceFit*, einem Exergame zum „Training von Kraft, Koordination und Balance" mit dem Ziel der Sturzprävention bei älteren Menschen, liefert das *Wii BalanceBoard* von *Nintendo* die entsprechenden Daten, wobei dieses Eingabegerät gemäß den Anforderungen des jeweiligen Spielers kalibrierbar ist, um einen möglichst großen Nutzerkreis zu erschließen. Aufgabe des Spielers ist es, eine virtuelle Kugel durch ein ebensolches Labyrinth zu bewegen (siehe Abbildung 14[6]; vgl. Göbel et al., 2014, S. 556).

---

5   http://www.spielend-fit.de/index.php?id=671

6   http://www.spielend-fit.de/index.php?id=672

Weitere Beispiele für den Anwendungsbereich gesundheitlicher Prävention und auch Rehabilitation sind die Spiele *Tivitrain* und *Reha@Home*, bei welchen *Microsofts Kinect* zum Einsatz kommt. Bei *Kinect* handelt es sich um ein System, welches Körperbewegungen als Eingabe erfasst. Ziel der genannten Spiele ist es, die Motivation zu Reha- und Präventionsübungen zu erhöhen, die Bewegungen des Nutzers zu kontrollieren und dem Anwender ein System bereitzustellen, welches er auch relativ bequem zuhause nutzen kann. Damit soll insgesamt erreicht werden, dass sich ein nachhaltiger, medizinischer Übungseffekt beim Patienten einstellt (vgl. Wendleder et al., 2011, S. 391f.).

Ebenfalls der Thematik Prävention zuordenbar, jedoch eher im psychologischen Kontext angesiedelt, ist *Elm City Stories* (siehe Abbildung 15[7]). Hierbei handelt es sich um ein Spiel zur Aufklärung über AIDS, welches exklusiv für einen Tablet-Computer der Firma *Apple* entwickelt wurde. Der Nutzer wird im Verlauf des Spiels vor Handlungsentscheidungen gestellt, die den weiteren Verlauf des Spiels bzw. das Leben der virtuellen Spielfigur bestimmen. Gestecktes Ziel für den Spieler ist es, das Risiko einer Infektion mit dem HI-Virus zu verringern. Dazu soll er Vermeidungsstrategien erlernen, welche auch in der Realwelt Anwendung finden könnten (vgl. Elm City Stories, 2014, online).

Abbildung 15: Elm City Stories

---

7   http://www.schellgames.com/wp-content/uploads/PlayForward-7-265x165.png

Als letztes Beispiel sei hier *FearNot!* genannt (siehe Abbildung 16[8]), ein gleichermaßen psychologisch-präventives Spiel wie *Elm City Stories*, welches sich der Thematik des Schikanierens von Schulkindern widmet. Auch hierbei sollen Vermeidungsstrategien erlernt werden, welche der Vorbeugung von sozialer Ausgrenzung und eben Schikane dienen. Dies gelänge mittels einer integrierten ‚künstlichen Intelligenz', welche auf Erkenntnissen aus der Psychologie fuße (vgl. FearNot, 2013, online). Die Entwickler des Spiels betonen, dass Immersion eine wichtige Voraussetzung für jegliche Systeme sei, die eine Einstellungs- und Verhaltensänderung beim Nutzer bewirken möchten (vgl. Mayr & Petta, 2013, S. 58). Dieser Aspekt soll auch im Konzept für die vorliegende Arbeit Beachtung finden.

Interessant ist außerdem, dass die Entwickler bewusst auf ein comic-haftes Aussehen setzen, anstatt eine realistischere Darstellung zu wählen, um das paradoxe Phänomen des sog. „uncanny valley" zu vermeiden, nach welchem mit steigender Realitätsnähe virtueller, androider Figuren nicht linear eine empfundene Realitätsnähe beim Nutzer einhergeht. Vielmehr scheint es so zu sein, dass ab einem bestimmten Punkt gesteigerter, realitätsnaher Darstellung Nutzer die Darstellung als unvertraut wahrnehmen und damit ablehnen. Erst ab einem sehr hohen Detailgrad zeige sich wieder eine gesteigerte Akzeptanz (vgl. Mayr & Petta, 2013, S. 58). Diese Problematik umgehend sind im zu entwickelnden Konzept der vorliegenden Arbeit keine androiden Charaktere vorgesehen und der Spieler steuert quasi eine ‚körperlose' Spielfigur.

Abbildung 16: FearNot!

---

8   http://a.fsdn.com/con/app/proj/fearnot/screenshots/138205.jpg

3.6 Fazit

Serious Games offerieren als Computerspiele per se einige Vorzüge. Der Aspekt der Interaktion bspw. steigert potentiell die empfundene Selbstwirksamkeit beim Nutzer. Hinzu kommt eine motivationale Komponente, da der Nutzer in eine Art Wettbewerb treten kann (vgl. Weber, 2009). Somit können Computerspiele auch für pädagogische Zwecke als geeignet erachtet werden. Im Unterschied zu Edutainment-Titeln sind Serious Games in der Regel stärker geprägt von einem integrierten spielerischen Element (siehe Kapitel 3), was der Motivation des Spielers und dessen nachhaltigem Befassen mit einem Spiel und dem Spielthema förderlich sein könnte (vgl. Lampert et al., 2009, S. 12f.). Dies sorgt evtl. dafür, „dass die im Spiel erlebten Erfahrungen bei den Spielern länger gespeichert bleiben, die Retention des Gelernten im Vergleich zu anderen Lehrformen sich also erhöht (Lampert et al., 2009, S. 12f.).

Obwohl Serious Games im pädagogischen Kontext geeignet erscheinen, erwähnen Lampert et al. auch Probleme. So stelle sich bspw. insbesondere bei pädagogischen Computerspielen im Hinblick auf deren technische Anforderungen die Frage, für welche Zielgruppe die Spiele konzipiert werden. Einerseits sollten sie für möglichst viele Nutzer, also auch auf älteren Spieleplattformen spielbar sein, andererseits treten sie automatisch in Konkurrenz zu Unterhaltungsspielen, welche hinsichtlich grafischer Darstellung und Spielmechanik oft Maßstäbe setzen und viele Systemressourcen fordern. Lampert et al. empfehlen demgemäß die „Faktoren [...] mit Blick auf potenzielle Nutzergruppen von Serious Games sorgfältig abzuwägen" (Lampert et al, 2009, S. 13). Völlig neue Nutzergruppen, so die Forscher, könnten Serious Games schwerlich gewinnen, da diese zu spezifisch auf ein Ziel bzw. eine Zielgruppe zugeschnitten seien. Eine derartige Spezifizierung sei aber durchaus sinnvoll, da nur solche Serious Games gemäß ihrem spezifischen Ziel erfolgreich werden könnten. Therapeutische Spiele mit präzisen Zielen und klar eingegrenztem Handlungsrahmen hätten größeren Therapieerfolg als bspw. Spiele für das Themenfeld Prävention und Gesundheitsförderung, wo es um die Modifizierung von allgemeinen Einstellungen bzw. Verhaltensweisen geht (vgl. Lampert et al, 2009, S. 13). Zusammengefasst formuliert: „Je präziser die Zielformulierung und die Ausrichtung an der Zielgruppe ist, desto höher ist die Wirksamkeit bzw. der Lernerfolg dieser Spiele einzuschätzen [...]"

(Lampert et al., 2009, S. 12).

Diese Argumentation stützend verweisen Lampert et al. auf empirische Untersuchungen, die darauf hindeuteten. Gleichwohl geben die Forscher zu bedenken, dass bezüglich der Wirkung von Serious Games die Studienlage keineswegs befriedigend sei:

> „Die wenigen vorliegenden Befunde unterstreichen zwar die Potenziale von Serious Games, sind aber nicht hinreichend, um ein abschliessendes [sic] Urteil fällen zu können. Hier sind weitere Evaluations- und Wirkungsstudien notwendig, die die Leistung der Spiele am jeweiligen Einzelfall differenziert untersuchen und weitere Faktoren (z.B. Alter und Geschlecht) einbeziehen" (Lampert et al., 2009, S. 12).

Ähnlich bewerten Sostmann et al. die Studienlage und plädieren für mehr und weitreichendere Untersuchungen zur Überprüfung der Wirksamkeit von Serious Games (vgl. Sostmann et al., 2010, online).

4 Angst

Es finden sich diverse Definitionen der Begriffe Emotion und Angst. Saari et al. übernehmen die Ansicht von Watson et al., die zwischen negativer und positiver Aktivierung unterscheiden. Positive Aktivierung reiche dabei von wenig erregenden negativen Emotionen wie Niedergeschlagenheit bis zu stark erregenden positiven Emotionen wie Freude – negative Aktivierung von wenig erregenden positiven Emotionen wie angenehmer Entspannung bis zu stark erregenden negativen Emotionen wie Angst und Stress (vgl. Saari et al., 2009, online).

In der englischsprachigen Literatur finden sich bezüglich des Terminus Angst oft die Begriffe „fear" und „anxiety". Vachiratamporn versucht eine Unterscheidung: „fear" sei eine emotionale Reaktion auf eine spezifische Gefahr bzw. eine spezifische Gefahr, die bereits erlebt wurde. „anxiety" werde hervorgerufen durch die Unsicherheit bezüglich einer unspezifischen Gefahr (vgl. Vachiratamporn, 2013, S. 576). In der vorliegenden

Arbeit steht bezüglich des Themas Höhenangst eine Angst bzw. „fear" im Vordergrund, welche sich auf eine subjektiv empfundene spezifische Gefahr bezieht. Allgemein soll sich folgender Begriffsverwendung von Reynolds angeschlossen werden: „The colloquial terms ‚fear', ‚stress' or ‚becoming scared' are used in this document refer to the psychological arousal that can occur when the player reacts to an unpleasant event or the anticipation thereof" (Reynolds, 2012, S. 4).

Eine diskussionswürdige Problematik stellt die Frage dar, ob und wie Angst mittels EEG messbar ist. Forscher wie Putman et al. bejahen dies (vgl. Putman et al. 2010).

4.1 Therapie

Es existieren diverse Therapieansätze für die Problematik Angst bzw. Angststörung, z.B. Entspannungsverfahren via Biofeedback. Auch gibt es die abgestufte Reizexposition, bei der zum Zweck der Desensibilisierung ein der spezifischen Angst graduell erhöhtes Ausgesetztsein Anwendung findet (vgl. Phobische Störung: Wikipedia, 2014, online). Derartiges findet sich bezüglich Höhenangst als „Wagniserziehung" mit „Konfrontation" und einer „graduellen Annäherung" (vgl. Akrophobie: Wikipedia, 2014, online). Dieses Prinzip versucht auch Erin Reynolds als Designerin des Biofeedback-Spiels *Nevermind* (siehe Kapitel 8.1) anzuwenden:

> „Inspired by the therapeutic process of slowly adjusting one's responses to stress, the game seeks to help players push their boundaries and become more familiarized with their reaction to stressful situations – ultimately learning how to react in the most constructive, healthy way possible"
>
> (Reynolds, 2012, S. 7)

Reynolds geht davon aus, dass Personen mit hoher Selbstwirksamkeits-Erwartung überzeugter sind von ihrer Fähigkeit mit Stress umzugehen und eher aufgabenbezogen als emotionsbezogen handeln (vgl. Reynolds, 2012, S. 8; vgl. Delahaij et al., 2015, S. 3). Dementsprechend soll derartige ‚Tapferkeit' in *Nevermind* gefördert und belohnt werden, wobei ‚Tapferkeit' wie folgt definiert wird: „the ability to subject oneself to an uncomfortable or unpleasant experience knowing that doing so will lead to extrinsic or intrinsic progress" (Reynolds, 2012, S. 8). Der Grundgedanke dahinter ist die „Window Affect Tolerance" von Allan Schore:

> „This theory supports the idea that, by exposing the player to situations of high stress and pushing him outside of his comfort-zones, the player actually becomes more capable of enduring stressful scenarios as he becomes more tolerant and accustomed to the areas outside of his comfort zone" (Reynolds, 2013, S. 63)

Ein weiteres Beispiel für eine derartige virtuelle Expositionstherapie ist die Entwicklung von Runte bzw. Radkowski et al. (siehe Abbildung 17; siehe Kapitel 8.1; vgl. Runte, 2011; vgl. Radkowski et al., 2011).

Abbildung 17: Virtuelle Expositionstherapie (Runte, 2011, S. 8)

Die von Reynolds intendierte Belohnung des Spielers wurde im Projekt zur vorliegenden Arbeit nicht explizit umgesetzt, soll aber als Aspekt in den Erweiterungs- und Verbesserungskatalog aufgenommen werden (siehe Kapitel 8.4). Dennoch soll mit dem Projekt versucht werden, sich der Thematik Höhenangst (Akrophobie) gemäß einer virtuellen Expositionstherapie zu nähern.

5 Sensoren

Eine der wichtigsten Komponenten für das Vorhaben im Rahmen dieser Arbeit ist
zweifelsfrei die Wahl eines geeigneten Sensors zur Erfassung von physiologischen
Daten des Anwenders, was angesichts der Fülle von Möglichkeiten nicht trivial ist
(siehe Abbildung 18). Diese Herausforderung umreißt auch Erin Reynolds,
Spieldesignerin des Biofeedback-Spiels *Nevermind*: „Finding a reliable sensor [...],
provided adequate measurements, and could communicate clearly with the game
engine" (Reynolds, 2012, S. 65). Es stellt sich also die Frage nach den Auswahlkriterien
eines Sensors.

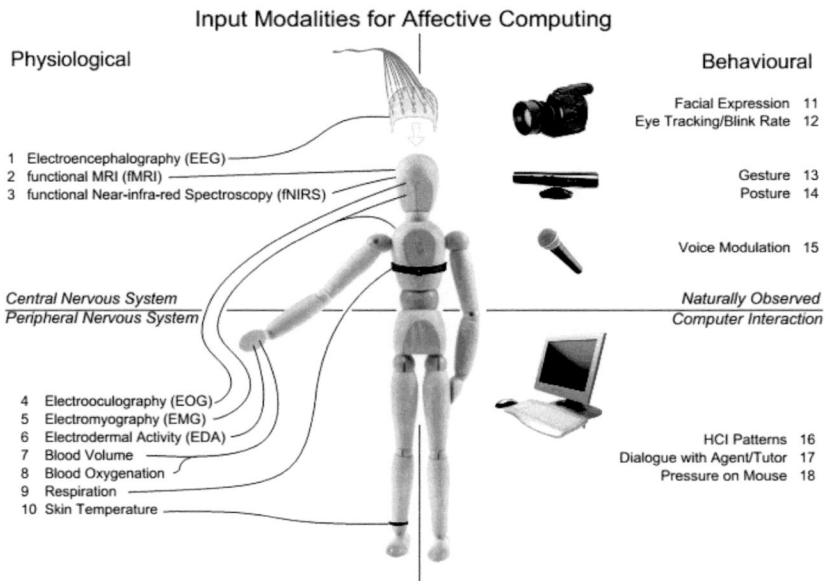

Abbildung 18: Sensorenübersicht (Christy & Kuncheva, 2014, online)

34

Zunächst sollte der auszuwählende Sensor es effektiv ermöglichen, das subjektive Empfinden des Nutzers von Angst verlässlich erkennbar zu machen. Dazu müsste der Sensor also entsprechende Rohdaten möglichst leicht und bequem zugänglich machen, um diese auszuwerten bzw. im Idealfall mittels zugehöriger Software eigene Auswertungen der Rohdaten anbieten.

Des Weiteren sollte der Sensor sich mittels einer Programmierschnittstelle problemlos einbinden lassen in eine noch zu wählende Spiel-Engine (siehe Kapitel 6), um den Entwicklungsprozess zu beschleunigen und effizienter zu gestalten. Erin Reynolds weist in diesem Zusammenhang auf folgende Problematik hin: „Many of the sensors currently on the market are not designed to be used with any external software beyond the niche proprietary tools for which they were specifically developed" (Reynolds, 2012, S. 65f.). Dieser Umstand sollte demzufolge die Auswahl eines geeigneten Sensors stark eingrenzen.

Weiterhin sieht das im Rahmen dieser Arbeit zu entwickelnde Konzept die Verwendung eines Head-Mounted Display vor (siehe Kapitel 7). Dies bedeutet, dass Sensor und Head-Mounted Display in Kombination vom Nutzer getragen werden, was unter Umständen zu Problemen führen kann, sollte der auszuwählende Sensor am Kopf anzubringen sein.

Außerdem wäre ein bequemer, hürdenfreier Einsatz des Sensors wünschenswert, also ohne größeren Aufwand der Anbringung, Wartung, Nutzung und ohne sonstige Vorkehrungen und mit einem gewissen Maß an Komfortabilität und Portabilität – Stichwort: ‚wearability'.

Nicht zuletzt ist der Kostenfaktor nicht zu vernachlässigen. Es darf im Rahmen dieser Arbeit nur ein relativ geringer finanzieller Aufwand entstehen, da praktisch kaum Mittel zur Verfügung standen. Zum anderen ist eine Konzeption mit einem möglichst kostengünstigen Sensor auch im Hinblick auf eine hypothetische spätere Entwicklung sinnvoll, in der sich jedes Produkt auch am Kostenfaktor messen lassen muss. Somit ergeben sich zusammengefasst folgende Kriterien für die Sensorenauswahl:

- Angst verlässlich ‚messbar'
- Einbindung in eine Spiel-Engine
- Kombination mit Head-Mounted Display
- hürdenfreie Verwendung und ‚wearability'
- finanzielle Kosten

In den folgenden Unterkapiteln sollen diese Kriterien berücksichtigt und einige Sensoren in Augenschein genommen werden. Eine zentrale Frage, die sich bei der Betrachtung von Biosensoren im Rahmen dieser Arbeit im Vorhinein noch stellt, lautet: Wirkt Biofeedback bei der Behandlung von Angst? Die Antwort fällt gemäß der Einschätzung der *Association for Applied Psychophysiology and Biofeedback* (AAPB) sowie der *International Society for Neuronal Regulation* (ISNR) durchaus positiv aus, denn sie bewerten Biofeedback bei der Behandlung von „anxiety" als „probably efficacious" (Jillich, 2014, S. 15). Auch Wang et al. geben bspw. an, sog. generalisierte Angststörungen, bei denen der Patient quasi die Kontrolle über seine Ängste verliert, wären mittels diverser Methoden unter Zuhilfenahme von Biofeedback (hier EEG-Neurofeedback [siehe Kapitel 5.3]) therapierbar (vgl. Wang et al., 2010, S. 1).

5.1 Bewegungs-/ Raumsensoren

Gegenwärtig sind diverse Bewegungs-/ Raumsensoren erhältlich, welche sich für einen Einsatz in Spielen eignen: Neben dem relativ bekannten *Kinect*-System von *Microsoft* sind hier auch *Razr Hydra*, *Sixense STEM* sowie *LEAP Motion* zu nennen (vgl. VRWiki, 2015, online). Letztgenanntes bietet einen Controller, der laut Hersteller auch für den kombinierten Einsatz mit dem Head-Mounted Display *Oculus Rift* mittels eines speziellen Aufsatzes geeignet sei (siehe Abbildung 19[9]).

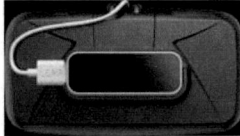

Abbildung 19: LEAP Motion

9   https://www.leapmotion.com/

Bewegungs-/Raumsensoren scheinen auf den ersten Blick nicht im Zusammenhang mit dem Erkennen von Emotionen wie Angst zu stehen, jedoch lässt sich ein prominentes Gegenbeispiel anführen: *Real Sense 3D* der Firma *Intel* (siehe Abbildung 20[10]), welches auch im Biofeedback-Spiel *Nevermind* zum Einsatz kommen soll (vgl. Rost, 2015, online).

Abbildung 20: Real Sense 3D

Die Tiefenkamera erkenne lediglich durch die Erfassung des Kopfes des Nutzers die Herzschlagfrequenz, aus welcher Angst- und Stressempfinden abgeleitet werden – eine intuitive und hürdenfreie Methode also zur Emotionserkennung (vgl. Romaine & Tyrrell, 2014, online). Somit lässt sich dieser Bewegungs-/ Raumsensor auch als Biosensor bezeichnen (siehe Kapitel 5.3.2). Für das System ist auch ein Software Development Kit verfügbar (vgl. Intel RealSense SDK, 2015, online).

5.2 Biosensoren und Biofeedback

Verbreiteter als das im vorigen Unterkapitel erwähnte Verfahren sind Messverfahren wie Elektrokardiogramm (EKG), Elektromyografie (EMG), Pulsoxymetrie, Kapnometrie, Eye-Tracking, Elektroenzephalografie (EEG) und die Messung elektrodermaler Aktivität (englisch: Skin Conductance Response [SCR] oder Electrodermal response [EDR]) oder auch der sog. Herzfrequenzvariabilität (HFV, englisch: heart rate variability [HRV]) etc.

---

10 www.intel.com/content/www/us/en/architecture-and-technology/realsense-overview.html

Derartige Messverfahren finden auch Eingang in den Begriff Biofeedback: Damit ist die Methode gemeint, mittels technischer Sensoren physiologische Daten zu erfassen, um sie dem Bewusstsein des Nutzers zugänglich zu machen und so dem Nutzer die Möglichkeit zu geben, die physiologischen Aktivitäten evtl. zu steuern (vgl. Jillich, 2014, S. 9).

Beispiel für ein tragbares Biofeedback-System ist *W/Me* der Firma *Phyode*. Der integrierte Sensor erfasse elektrische Impulse des Herz-Sinusknotens und ein Algorithmus werte die Impulse aus als Herzfrequenzvariabilität (HRV) und generiere daraus einen mentalen Statuswert des Benutzers, wie z.B. ‚anxious' (vgl. Campbell, 2013, online). Wie verlässlich dies funktioniert ist umstritten.

Ein ähnlicher Sensor zur Messung der Herzschlagfrequenz ist ein Brustgurt namens *Heart Rate Monitor* der Firma *Garmin*, welcher in der ursprünglichen Konzeption des Biofeedback-Spiels *Nevermind* zur Messung der Herzfrequenzvariabilität (HRV) genutzt wurde (Reynolds, 2012, S. 70). Ein Nachteil dabei ist sicherlich, dass ein Brustgurt unter der Kleidung angebracht werden muss und von Nutzern evtl. als unangenehm empfunden werden könnte.

In der Spiele-Branche gab es auch in größerem Rahmen bereits interessante Vorstöße. Die für Unterhaltungselektronik bekannte japanische Firma *Nintendo* beschäftigte sich mehrere Jahre mit der Entwicklung eines Zusatzgerätes für die Spielkonsole *Wii* – dem sog. *Vitality Sensor*. Dieser sollte als Pulsmessgerät fungieren. Das Projekt wurde aber aufgegeben, da es unzureichend zuverlässig funktionierte (vgl. Wii-Fernbedienung: Wikipedia, 2014, online).

Als durchaus erfolgreicher können die Multisensor-Geräte der *NeXus*-Reihe der Firma *Hasomed* eingestuft werden, welche in Kombination mit der Software *BioTrace+* häufig in der Forschung eingesetzt werden (siehe Abbildung Fehler: Referenz nicht gefunden[11]). Hierbei sind jedoch die Anschaffungskosten nicht unerheblich.

---

11 http://www.hasomed.de/de/produkte/biofeedback-stressmessung.html

Abbildung 21: NeXus

Finanziell deutlich günstiger ist der Biosensor namens *TrueSense* (siehe Abbildung 22) der Firma *Openpath Innovations*, welcher u.a zur Messung von EEG-, EKG- und EMG-Signalen geeignet sei. Außerdem ist für den Sensor ein Software Development Kit (SDK) verfügbar (vgl. TrueSense Exploration Kit Descriptions, 2015, online). Problematisch stellt sich hier möglicherweise die Anbringung des Sensors dar, die von Anwendern als unkomfortabel empfunden werden könnte.

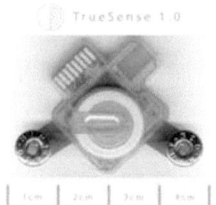

Abbildung 22: TrueSense (TrueSense Exploration Kit Descriptions, 2015, online)

5.3 Neurofeedback, EEG-Sensoren und BCIs

Eine Form des Biofeedbacks ist das Neurofeedback, also die unmittelbare technische, meist visuelle Rückmeldung von Elektroenzephalografie-Daten, welche zur potentiellen Regulation an der Kopfhaut des Nutzers erfasst werden (vgl. Wang et al., 2010, S. 1). Neurofeedback ermögliche bspw. das Training von Konzentrationsfähigkeiten oder diene auch Stresstherapie (vgl. Jillich, 2014, S. 24).

Zur Elektroenzephalografie (EEG): Sog. Hirnstromwellen bilden die elektrische Aktivität entlang der Kopfhaut grafisch ab. Diese Aktivität entsteht durch das sog. Feuern von Nervenzellen im Gehirn. Nervenzellen besitzen eine elektrische Ladung – wenn sie ein Signal einer Nachbarzelle erhalten, setzt sie Ionen frei. Erreichen viele Ionen gleicher Ladung die Kopfoberfläche, werden Elektronen in der jeweiligen Elektrode des EEG-Sensors angezogen bzw. abgestoßen, wodurch eine elektrische Spannung entsteht. Spannungsunterschiede zwischen verschiedenen Elektroden bilden die Hirnstromwellen (vgl. Chak, 2010, S. 20).

Die Elektroenzephalografie stellt somit ein nichtinvasives Messverfahren dar. Zudem gilt es als verlässliche Methode für die Erfassung von Hirnaktivitäten und als Indikator für die Bewertung von Emotionen bzw. Bewusstseinszuständen wie bspw. Wachsamkeit bzw. Aufmerksamkeit (vgl. Cho & Lee, 2014, S. 1). Für einen Einsatz im klinischen Umfeld seien jedoch mindestens zwölf Elektroden nötig, um aussagekräftige Daten zu erhalten (vgl. Jillich, 2014, S. 28).

Zu den Hirnstromwellen bzw. Gehirnstromkurven respektive EEG-Wellen: Diese lassen sich unterteilen in Frequenzbänder. Oftmals findet sich eine Einteilung in fünf Frequenzbänder: Delta-Wellen, Theta-Wellen, Alpha-Wellen, Beta-Wellen und Gamma-Wellen (Beispielaufzeichnung siehe Abbildung 23).

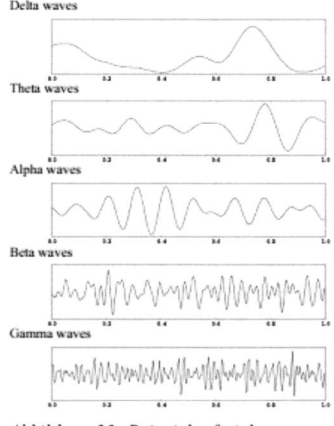

Abbildung 23: Beispielaufzeichnung von EEG-Wellen (Chak, 2010, S. 25)

40

Die Einteilung nach Frequenzen wird keineswegs vollständig übereinstimmend vorgenommen. So finden sich im Detail verschiedene Kategorisierungen, wie die folgenden Abbildungen bzw. Tabellen exemplarisch verdeutlichen sollen. Außerdem existiert ein Unterschied zur Interpretation der Frequenzen im klinischen Umfeld. Prinzipiell werden den Frequenzbändern Bewusstseinszustände und kognitive Aktivitäten zugeschrieben. Die „möglichen Effekte" in Abbildung 24 gelten als ungewiss und wissenschaftlich nicht belegt (vgl. Elektroenzephalografie: Wikipedia, 2014, online).

Band	Frequency (Hz)	Description
Delta	0.5Hz to 3.5Hz	Slow waves, deep sleep or meditation.
Theta	3.5Hz to 7.5Hz	Relaxed or conscious mental state, sleep or daydreaming.
Alpha	7.5Hz to 12.0Hz	Peaceful, calm thoughts or concentrated state.
Beta	12.0Hz to 30.0Hz	Moderate mental activity, busy or anxious thinking or concentration.
Gamma	30.0Hz to 50.0Hz	Attention, perception and cognition.
Mu	8.0Hz to 13.0Hz	Overlapping with alpha and low beta, present when body is idle and not moving.

Abbildung 24: Hirnstromwellen-Frequenzbänder (Jillich, 2014, S. 32)

Brainwave Type	Frequency range	Mental states and conditions
Delta	0.1Hz to 3Hz	Deep, dreamless sleep, non-REM sleep, unconscious
Theta	4Hz to 7Hz	Intuitive, creative, recall, fantasy, imaginary, dream
Alpha	8Hz to 12Hz	Relaxed (but not drowsy) tranquil, conscious
Low Beta	12Hz to 15Hz	Formerly SMR, relaxed yet focused, integrated
Midrange Beta	16Hz to 20Hz	Thinking, aware of self & surroundings
High Beta	21Hz to 30Hz	Alertness, agitation

Abbildung 25: Hirnstromwellen-Frequenzbänder (MindWave Mobile User Guide, 2012, S. 12)

Frequenzband		Frequenz	Zustand	Mögliche Effekte
Delta (δ)		0,5 – <4 Hz	Tiefschlaf, Trance	
The ta (θ)	Niedrig (Theta 1)	4 – 6,5 Hz	Hypnagogisches Bewusstsein (Einschlafen), Hypnose, Wachträumen	
	Hoch (Theta 2)	6,5 – <8 Hz	Tiefe Entspannung, Meditation, Hypnose, Wachträumen	Erhöhte Erinnerungs- und Lernfähigkeit, Konzentration, Kreativität, Erleichterung des Meditationszustands
Alpha (α)		8 – 13 Hz	Leichte Entspannung, Super Learning (Unterbewusstes Lernen), nach innen gerichtete Aufmerksamkeit, geschlossene Augen	Erhöhte Erinnerungs- und Lernfähigkeit
Bet a (β)	Niedrig	>13 – 15 Hz	Entspannte nach außen gerichtete Aufmerksamkeit	Gute Aufnahmefähigkeit und Aufmerksamkeit
	Mittel	15 – 21 Hz	Hellwach, normale bis erhöhte nach außen gerichtete Aufmerksamkeit und Konzentration	Gute Intelligenzleistung
	Hoch	21 – 38 Hz	Hektik, Stress, Angst oder Überaktivierung	Sprunghafte Gedankenführung
Gamma (γ)		38 – 70 Hz	Anspruchsvolle Tätigkeiten mit hohem Informationsfluss	Transformation oder neuronale Reorganisation

Hirnstromwellen-Frequenzbänder (Elektroenzephalografie: Wikipedia, 2014, online)

Die Interpretation von EEG-Daten gilt als schwierig. Es existieren verschiedene Ansätze der Extraktion von verwertbaren Informationen aus EEG-Daten. Ein Beispiel ist die Arbeit von Cho und Lee: Die Forscher wenden auf die ausgelesenen

Hirnstromwellen u.a. eine Fourier-Transformation und diverse Berechnungen an, um daraus Emotionen abzuleiten (Cho & Lee, 2011, S. 4; siehe Abbildung 26).

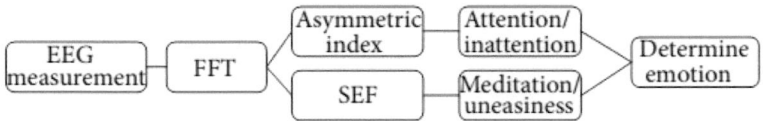

Abbildung 26: EEG-Interpretation (Cho & Lee, 2011, S. 2)

Wang et al. verwenden einen anderen Ansatz. Sie leiten aus gemessenen Hirnstromwellen (hier mittels dem Gerät *Emotiv EPOC* [siehe Kapitel 5.3.2]) u.a. via sog. fraktaler Dimension Spielkommandos ab (siehe Abbildung 27). Fraktale Dimension bezeichnet ein mathematisches Verfahren und dient den Forschern hier zur Erfassung der Komplexität und Unregelmäßigkeit eines Signals, um damit schließlich mentale Zustände wie ‚entspannt' und ‚konzentriert' zu unterscheiden (vgl. Wang et al., 2010, S. 3).

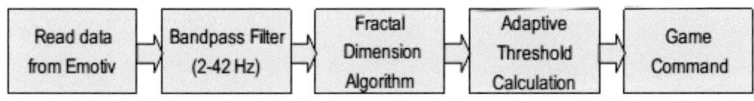

Abbildung 27: EEG-Interpretation (Wang et al., 2010, S. 5)

EEG-Messgeräte wie das erwähnte *Emotiv EPOC* (siehe Kapitel 5.3.2) können unter den Begriff des Brain-Computer-Interface (BCI) gefasst werden. Gemeint ist damit, dass derlei Geräte als Schnittstelle zwischen Hirn und Computer fungieren können und eine rechnergestützte Steuerung bzw. Interaktion durch kognitive Aktivitäten möglich wird (vgl. Elektroenzephalografie: Wikipedia, 2014, online).

Der Einsatz EEG-basierter Technologie und Technik erfreut sich zunehmender Beliebtheit im Bereich Serious Games, was nicht zuletzt dadurch begründet scheint, dass inzwischen kabellose Headsets wichtige Nutzeranforderungen bieten: „wearability, price, portability, and ease-of-use" (Cho & Lee 2010, S. 2). So sind im freien Handel mittlerweile diverse sog. „consumer-level BCIs" erhältlich, die die genannten Vorteile bieten: „ease to wear", vergleichsweise niedrige Preise, Portabilität bzw. Mobilität durch drahtlose Datenübertragung und ease-of-use, also relativ einfache Handhabung. Letzterer Punkt wird auch dadurch begünstigt, dass auch Geräte existieren, die ohne feuchte Kontakte bzw. Elektroden auskommen und keine exakte Positionierung der jeweiligen Elektrode verlangen (vgl. Chak, 2010, S. 7). Mit einer fortschreitenden Verbesserung derartiger Geräte schreitet auch deren Vermarktung voran und Experten wie Chak prophezeien einen mittelgroßen Markt dafür im Bereich der Heimanwender in naher Zukunft (vgl. Chak, 2010, S. 16). Jedoch sollen auch die oftmals vorhandenen Beschränkungen der erhältlichen BCIs nicht unerwähnt bleiben. Diese verfügen über eine vergleichsweise geringe Präzision und sollten nicht für direkte Interaktionen zum Einsatz kommen. Problematisch ist und bleibt vor allem die Feststellung mentaler Zustände (vgl. Chak, 2010, S. 7).

Zum Zeitpunkt der Recherche zu „consumer-level BCIs" fielen zunächst zwei Geräte ins Blickfeld, welche prinzipiell die meisten betrachteten Anforderungen zu erfüllen schienen: *EPOC* der Firma *Emotiv Systems* (siehe Kapitel 5.3.2) und *Mindwave* der Firma *Neurosky* (siehe Kapitel 5.3.3). Das Kriterium der Einbindung in eine Spiel-Engine wird in einem späteren Kapitel diskutiert (siehe Kapitel 6.1), ein Software Development Kit bieten beide.

	Emotiv EPOC	*Neurosky Mindwave*
Daten		
Erscheinungsdatum	2009	2010/2011
SDK	ja	ja
Verbindungsart	drahtlos	drahtlos
Elektrodenanzahl	14	1
Sensortyp	feucht (Salzlösung)	trocken
Sensorinterpretation	3 mentale Zustände (basierend auf Hirnstromwellen), Gesichtsausdrücke, Kopfbewegungen	2 mentale Zustände (basierend auf 4 Hirnstromwellen-Frequenzbändern), Augenblinzeln
EEG-Analyse-Software inkl.	ja (*Testbench*)	ja (z.B. *NeuroSky*

	Emotiv EPOC	*Neurosky Mindwave*
		Research Tools)
Kriterien		
Angst verlässlich ‚messbar'	ungewiss	ungewiss
Kombination mit Head-Mounted Display	schwierig, wegen evtl. horizontaler Riemen und Überkopfriemen des Head-Mounted Display	ja, möglicherweise aber nutzerspezifisch (Kopfform)
hürdenfreie Verwendung und ‚wearability'	ja	ja
finanzielle Kosten: Einführungspreis in US-Dollar ca.	300	100

Emotiv EPOC vs. Neurosky Mindwave (vgl. Chak, 2010, S. 11; vgl. Consumer-BCI-Vergleich: Wikipedia, 2014, online)

Es gibt zahlreiche denkbare Anwendungsfälle solcher BCIs. Die Forscherin Danny Plass-Oude Bos von der *Universität Twente* erkennt bspw. folgende: „BCI [...] could make you more relaxed and focused. This, in turn, could result in [...] better coping with stress" (Plass-Oude Bos et al., 2010, S. 152). Jedoch sei generell bei BCI-Geräten der Umstand problematisch, dass diese hinsichtlich ihrer Messungen langsamer und ungenauer sind als andere physiologische Messmethoden und Nutzer zudem ein gewisses Training im Umgang mit den BCIs benötigten (vgl. Plass-Oude Bos et al., 2010, S. 150). Die Forscher setzen sich auch mit der Ableitung von mentalen bzw. emotionalen Zuständen aus BCI-Messdaten auseinander und sehen interessante Zusammenhänge zwischen EEG und sog. affektiven Prozessen, wenngleich sie bemerken, dass zusätzliche andere physiologische Messverfahren die Erkennung diverser Emotionen optimiere (vgl. Plass-Oude Bos et al., 2010, S. 162). Ein weiteres Problem sei das Verhältnis von Spezifität und Allgemeingültigkeit bezüglich der Reliabilität der Emotionserkennung – d.h. man müsse bestimmte emotionstypische Muster in den EEG-Daten erkennen können, die gleichzeitig unter unterschiedlichen Messbedingungen (bspw. Labor vs. Realwelt) gleich bleiben (vgl. Plass-Oude Bos et al., 2010, S. 162).

5.3.1 EEG-Computerspiele und -Beispiele

Die Kombination von Computerspielen mit EEG- bzw. BCI-Technik unterstreicht den gegenwärtig zu beobachtenden Trend in der Computerspiel-Branche in Richtung alternativer, ‚natürlicherer' Eingabegeräte und erweitert ihn sogar noch (vgl. Plass-Oude Bos et al., 2010, S. 151). Nun wird es möglich, den mentalen Aktivitäten des Nutzers Bedeutung beizumessen und diese Aktivitäten Teil des Spiels werden zu lassen (vgl. Plass-Oude Bos et al., 2010, S. 155). Kennzeichnend für BCI-Computerspiele bzw. „neurofeedback games" ist der Umstand, dass der Spieler die genauen Interaktionsmöglichkeiten via seiner Hirnaktivität erst kennen lernen muss. In vielen derartigen Spielen geht es laut Plass-Oude Bos et al. darum, diese neuen Interaktionsmöglichkeiten gezielt einzusetzen, was jedoch nicht bedeute, dass diese neuen Interaktionsmöglichkeiten klassische Eingabegeräte wie bspw. Gamepads ersetzen – vielmehr bieten „neurofeedback games" ein neuartiges Benutzererlebnis (vgl. Plass-Oude Bos et al., 2010, S. 153).

Plass-Oude Bos et al. verdeutlichen dies an dem Beispiel eines Fantasy-Computer-Rollenspiels, in welchem der Spielercharakter bspw. einen ‚Zauber' mittels eines ‚magischen Zauberspruchs' bewirken kann. Der übliche Umweg über Eingabegeräte wie Gamepads wäre ggf. unnötig, wenn das Spiel via BCI Hirnaktivitäten entsprechend interpretieren könnte: „Then perhaps it would be possible to interact with the game world in ways that would be realistic considering the rules of that particular environment" (Plass-Oude Bos et al., 2010, S. 151). Diese direktere Verknüpfung von Spieleraktion und Spielercharakter-Aktion könnte laut den Forschern sowohl der Empfindung sog. „presence" förderlich sein als auch die Einprägsamkeit („memorability"; s.u.) steigern. Jedoch könnte der Spieler eine derartige Umgehung klassischer Interaktion als unnatürlich und ungewohnt wahrnehmen – die Schlussfolgerung: „When using brain activity directly, one needs to be more aware of this activity and to develop new levels of control" (Plass-Oude Bos et al., 2010, S. 151).

Mit Rückgriff auf Nielsen betrachten die niederländischen Forscher außerdem folgende interessante Usability-Konzepte bzw. -Kriterien und daraus ableitbare Richtlinien bezüglich der Interaktion in BCI-Computerspielen:

- Learnability und memorability (Erlernbarkeit und Einprägsamkeit):
Erlernbarkeit bezeichne den Aufwand des Nutzers, den Umgang mit einer Anwendung zu erlernen und stellt die Frage, ob ein spezielles Training dafür nötig ist. Einprägsamkeit fragt, wie eine Benutzerschnittstelle erinnert wird. Sei eine Benutzerschnittstelle intuitiv und leicht erlernbar, werde auch der Nutzer die Schnittstelle besser erinnern. Zur Frage nach einem speziellen Training seien drei Trainingsformen hinsichtlich BCIs zu unterscheiden: „interface training", bei dem es darum gehe, den Nutzer dahingehend zu trainieren, die richtigen mentalen Aufgaben zu bewältigen, um das Spiel zu steuern; „system training", also das Training des BCI-System hin zur korrekten Erkennung bestimmter Hirnströme; „user training", ergo das Training des Nutzers, zuverlässig die mentalen Aufgaben zur Steuerung des Spiels auszuführen (vgl. Plass-Oude Bos et al., 2010, S. 156). Da Letzteres für viele Nutzer neu sein könnte, sollte dem Nutzer klar kommuniziert werden, was zur Nutzung des BCIs von ihm erwartet werde: „Users [...] need to be [..] instructed. [...] Users might not overcome the first step of performing the mental task in the right way and lose motivation because the BCI is not working properly" (Plass-Oude Bos et al., 2010, S. 156). Diesbezüglich und hinsichtlich des Projektes im Rahmen der vorliegenden Arbeit siehe Kapitel 8.4.

- Efficiency und effectiveness (Effizienz und Effektivität):
BCI-Computerspiele gelten oft als ineffizient, weil sie relativ ungenau und durch Latenzzeiten vergleichsweise langsam funktionieren (siehe voriges Kapitel). Deshalb solle sich statt auf Effizienz auf Effektivität konzentriert werden, also einem BCI-Computerspiel-Nutzer das Gefühl gegeben werden, die Nutzung des BCIs biete einen Mehrwert, bspw. durch einen bestimmten Bonus im Spiel bei Nutzung des BCIs (vgl. Plass-Oude Bos et al., 2010, S. 157).

- Satisfaction (Befriedigung):

Dieser Aspekt behandelt allgemein die Thematik eines befriedigenden Nutzererlebnisses (vgl. Plass-Oude Bos et al., 2010, S. 158).

- Error handling (Fehlerbehandlung):

Bezüglich BCI-Computerspiele kann die Fehlerkorrektur und -vermeidung als wichtig erachtet werden. Dazu gebe es diverse Strategien: „Applying better classification algorithms, smoothing, hysteresis and artifact filtering" (Plass-Oude Bos et al., 2010, S. 157).

Als Beispiel für eine solche Fehlerbehandlung führen die Forscher ihr BCI-Computerspiel *AlphaWoW* an, eine eigens entwickelte Abwandlung des bekannten *World of Warcraft*, bei dem sich der Spielercharakter je nach gemessenen Alpha-Wellen in einen Bär oder zurück in eine Elfe verwandelt. Hierbei besteht exemplarisch auch die Problematik, dass kurze und starke Änderungen in den vom BCI erfassten Messdaten der Hirnaktivität, hervorgerufen mglw. durch Rauschen und Artefakte, unwillkürliche Auswirkungen auf das Spielgeschehen haben – in diesem Fall unfreiwillige Gestaltänderungen des Spielercharakters. Deshalb nutzen die Forscher für *AlphaWoW* drei Verfahren: „smoothing, hysteresis, and dwelling" (Plass-Oude Bos et al., 2010, S. 165). Mit dem sog. „smoothing" ist gemeint, dass der aktuell ermittelte Alpha-Wellen-Wert nicht nur vom letzten, sondern von den drei zuletzt gemessenen Daten abhängt, wenngleich der letzte Wert mehr Gewicht erhält. Dies schwäche gewissermaßen ‚Ausreißer-Spitzen' ab. Die Hysterese stellt quasi eine Schwelle hinsichtlich des Alpha-Wellen-Wertes dar, die dafür sorgt, dass erst ein Überschreiten oder Unterschreiten dieser Schwelle eine Interpretation als Änderung des Aussehens des Spielercharakters bewirkt. Die Hysterese bietet damit einen Spielraum bezüglich der Messdaten (vgl. Plass-Oude Bos et al., 2010, S. 165). Mit „dwelling" ist gemeint, dass die Alpha-Wellen-Werte für eine bestimmte Zeit zwischen den Schwellenwerten sein müssen, um einen Effekt zu generieren (vgl. Plass-Oude Bos et al., 2010, S. 165). Die Kombination von „smoothing", „hysteresis" und „dwelling" soll in *AlphaWoW* dafür sorgen, dass das Spiel unbeabsichtigte, kurzzeitige Veränderungen in den erfassten EEG-Daten ignoriert (vgl. Plass-Oude Bos et al., 2010, S. 165).

Fehler bei der Interpretation von EEG-Daten können auch durch die Empfindlichkeit von EEG-Systemen gegenüber dem Anspannen von Gesichts- und Nackenmuskulatur auftreten, wenngleich dies bei korrekter Berücksichtigung auch hilfreich zur Bestimmung von mentalen Zuständen sein könnte (vgl. Plass-Oude Bos et al., 2010, S. 171).

Auch geben die niederländischen Forscher um Plass-Oude Bos den Einfluss von Gesichtsausdrücken, sprachlichen Äußerungen und Bewegungen des Nutzers auf EEG-Messungen zu bedenken (vgl. Plass-Oude Bos et al., 2010, S. 171).

Plass-Oude Bos et al. thematisieren außerdem am Beispiel ihres Spiels *Bacteria Hunt* (siehe unten) die Problematik der parallelen Verwendung von BCI-Eingaben und anderen Eingaben des Nutzers – im Fall von *Bacteria Hunt* die Probleme bei der parallelen Verwendung von BCI- und Tastatureingaben. Neben möglichen Auswirkungen auf die Konzentration des Nutzers sei zu beachten, dass EEG-Sensoren naturgemäß jegliche elektrischen Signale aufnehmen, bspw. auch solche, die durch Augenbewegungen hervorgerufen werden (Elektrookulografie, EOG) sowie solche, die von Muskelkontraktionen evoziert werden (Elektromyografie, EMG). Da sich Augenbewegungen und Blinzeln nicht vermeiden lassen, sollten derartige Einflüsse gefiltert werden (vgl. Plass-Oude Bos et al., 2010, S. 170f.).

Des Weiteren sollte bei der Auswertung der EEG-Daten ggf. auch der Umstand berücksichtigt werden, dass Spieler gerade durch ein EEG-Messgerät, dessen sie sich bewusst sind, weniger immersiv im Spielgeschehen verhaften und eine atypische Situation entsteht (vgl. Kotsia et al., 2012, S. 1).

Plass-Oude Bos et al. fassen mögliche Probleme von BCI-Computerspielen wie folgt zusammen: „delays, bad recognition, long training time, cumbersome hardware" (Plass-Oude Bos et al., 2010, S. 172). Nichtsdestotrotz stehen dem die vielversprechenden Möglichkeiten gegenüber, die derartige Spiele eröffnen. Im Folgenden einige ausgewählte Beispiele in chronologischer Abfolge, um einen Einblick zu gewähren.

49

Als erstes BCI-Computerspiel kann eine Entwicklung von Jacques J. Vidal aus dem Jahr 1977 angesehen werden. Der Spieler kann dabei durch Augenbewegung eine Bewegung in einem virtuellen Labyrinth initiieren, indem er sich auf einen von vier präsentierten Fixierungspunkten konzentriert. Die vier Punkte erscheinen in einem diamantförmigen Schachbrettmuster, welches sich periodisch ändert. Dabei entsteht neurale Aktivität in verschiedenen Bereichen des visuellen Cortex bzw. der Sehrinde. Das messbare sog. visuell evozierte Potential (VEP; siehe auch unten Beispiel MindBalance) wird erfasst und daraus eine Bewegung im virtuellen Labyrinth abgeleitet (siehe Abbildung 28; vgl. Plass-Oude Bos et al., 2010, S. 152).

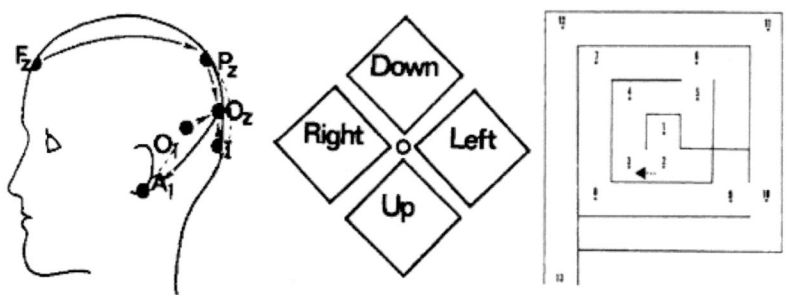

Abbildung 28: Erstes BCI-Computerspiel (Vidal, 1977, S. 637)

Zehn Jahre später ist das Spiel *Brainwave Drawing* zu nennen, bei dem Mitspieler versuchen können, ihre mentalen Zustände in Einklang zu bringen bezüglich ihrer Hirnstromwellen in diversen Frequenzbändern (vgl. Gürgök, 2012, S. 379). 2003 setzten Pineda et al. Mu-Wellen (s.o. Abbildung) des Motorcortex ein, um den Spieler in einem sog. First-Person-Shooter-Computerspiel seinen Spielercharakter in einer dreidimensionalen virtuellen Umgebung nach links und rechts steuern zu können, während die Bewegungsrichtungen nach vorn und hinten via klassischer Eingabe durch physische Knöpfe möglich war (vgl. Plass-Oude Bos et al., 2010, S. 153).

Im von der schwedischen Firma *Interactive Productline* produzierten *Mindball* (siehe Abbildung 29[12]) ging es 2003 für zwei bis sechs Spieler darum, vornehmlich durch mentale Entspannung einen Metallball auf einem Tisch in Richtung der Gegenspieler zu

---

12 https://de.wikipedia.org/wiki/Datei:MindBallOdysseumCologne.jpg

bewegen. Dazu erfolgte via eines Stirnbandes die Messung von Hirnstromwellen (zusätzlich auf einem Bildschirm visualisiert), woraus ein Entspannungswert abgeleitet wurde, welcher wiederum die Bewegung eines magnetischen Schlittens unter dem Tisch steuerte und damit den Metallball rollen ließ. Der demnach entspannteste Spieler gewann, sobald sich der Ball von ihm weg ganz auf die Seite eines Gegenspielers bewegte. Das Spiel basiert auf *Brainball* des *Smart Studio* am schwedischen *Interactive Institute* (vgl. Kotsia et al., 2013, S. 667f.; vgl. Kotsia et al., 2012, S. 3; vgl. Mindball: Wikipedia, 2014, online; vgl. Mindball: Wikipedia, 2015, online). Plass-Oude Bos et al. bezeichnen das Spiel als Antispiel, da, wenn der Ball aus Spielersicht fast ganz auf gegnerischer Seite anlange, sich der Spieler bewusst werde, dass er gewinnt und durch die dadurch hervorgerufene Erregung verliere (vgl. Plass-Oude Bos et al., 2010, S. 153).

Abbildung 29: Mindball

2005 entwickelten Forscher am *University College Dublin* und *Media Lab Europe* das BCI-Computerspiel *MindBalance*, in welchem ein Spielercharakter in einer dreidimensionalen virtuellen Umgebung bewegt werden kann. Ziel ist es, den Spielercharakter via EEG-Daten auf einem Drahtseil zu balancieren. Dazu werden sog. visuell evozierte Potentiale (VEP) bzw. in diesem Fall genauer sog. steady state visually evoked potentials (SSVEPs) genutzt. Bei VEPs handelt es sich um „durch visuelle Stimulation der Netzhaut hervorgerufene Potentialunterschiede geringer elektrischer Ladungen, die über dem Bereich der Sehrinde am Hinterkopf von der Haut abgeleitet werden können" (Visuell evoziertes Potential: Wikipedia, 2014, online). Bei SSVEPS wird der visuelle Stimulus konstant wiederholt, also meist zwei Bilder abwechselnd dargestellt. Vorteil dieser Methodik sei u.a., dass sie sich stabil gegenüber Störungen

51

zeigt wie bspw. Blinzeln (vgl. Hilsendeger, 2010, online). Außerdem stelle es ein relativ unkompliziertes Verfahren dar, welches beim Nutzer wenig Training voraussetze (Lecuyer et al., 2008, S. 2). Derartige visuelle Stimuli sind in *MindBalance* zwei Schachbrettmuster, welche im linken unteren und rechten unteren Teil des Bildschirms angezeigt werden (siehe Abbildung 30).

Abbildung 30: MindBalance (Lecuyer et al., 2008, S. 2)

2007 entwarfen Krepki et al. eine BCI-Variante des berühmten Spiels *Pac-Man* (siehe Abbildung 31). Die Steuerung erfolgt über das sog. „lateralized readiness potential", ein ereignisbasiertes Hirnstrom-Potential bzw. Bereitschaftspotential. Dabei handelt es sich genauer um eine erhöhte elektrophysiologisch erfassbare (EEG) Aktivität in Bereichen der Großhirnrinde vor einer absichtlichen Bewegung, welche auf die Vorbereitung einer motorischen Aktivität auf einer Seite des Körpers deute, bspw. der Bewegung eines Armes oder Beines (vgl. Lateralized readiness potential: Wikipedia, 2014, online; vgl. Bereitschaftspotential: Wikipedia, 2014, online). Die Spielfigur legt aller 1,5 bis zwei Sekunden eine Teilstrecke im virtuellen Labyrinth zurück und bewegt sich solange geradeaus, bis sie eine Wand erreicht oder ein Richtungskommando erhält. Spieler berichteten, dass sie teilweise das Gefühl hatten, die Spielfigur würde sich in die richtige Richtung bewegen, bevor sich die Spieler der Richtungsentscheidung bewusst wurden. Plass-Oude Bos et al. sehen darin eine neue Facette von Interaktion, wie sie nur BCI ermögliche (vgl. Plass-Oude Bos et al., 2010, S. 153).

Abbildung 31: BCI-Pac-Man (Krepki et al., 2007, online)

Die niederländischen Forscher stellten ihrerseits 2008 ein BCI-Computerspiel-Konzept namens *BrainBasher* (siehe Abbildung 32) vor, bei dem es um reale versus imaginierte Bewegungen geht. Bei der Aufgabe der Ausführung tatsächlicher Bewegungen müssen die Nutzer beide Hände auf den Tisch legen und bei entsprechendem Stimulus mit ihrer Hand auf den Tisch tippen. Bei der Aufgabe zur imaginierten Bewegung sollen die Nutzer sich die gleiche Bewegung nur vorstellen. Spielziel ist die rasche Ausführung bestimmter Aktionen in schneller Folge und begrenzter Zeit, wofür bei korrekter Ausführung Punkte vergeben werden (vgl. Plass-Oude Bos et al., 2010, S. 159).

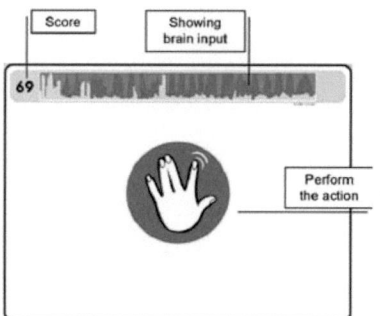

Abbildung 32: BrainBasher (Plass-Oude Bos et al., 2010, S. 160)

Saari et al. präsentierten 2009 im Rahmen ihrer Arbeit zu sog. emotionsadaptiven Spielen den Prototyp *EMOShooter* (siehe Abbildung 33). Dabei handelt es sich um einen ‚psychophysiologisch anpassbaren' sog. Ego-Shooter. Durch psychophysiologische Messungen in Echtzeit anpassbar sind darin jegliche Elemente der Spielwelt wie bspw. der Spielercharakter, die Einfachheit der Steuerung des Spiels und somit der Schwierigkeitsgrad des Spiels und das Spielerlebnis. Spielziel ist das Abschießen von würfelähnlichen Feinden. Die Forscher testeten mit diesem Prototyp bspw. die Änderung der Spielsteuerung via Daten aus der Messung elektrodermaler Aktivität und Atmung. Die Änderung der Spielsteuerung beinhaltete z.B. die Änderung von Schussrate, Rückstoß, ‚Zittern' und Bewegungsgeschwindigkeit. Bei erhöhter Erregung des Spielers schlägt sich dies in den Werten der elektrodermalen Aktivität und Atmung nieder, wodurch die Schussrate verringert, die Bewegungsgeschwindigkeit verlangsamt, das anvisierte Ziel ‚zittrig' und somit das Spiel insgesamt schwieriger wird. Ist der Spieler hingegen nur leicht erregt oder gar ruhig, wird die Spielsteuerung effizienter und leichter handhabbar und somit das Spiel leichter. Die Anzahl abzuschießender Würfelfeinde, deren Herannahen, deren Beschuss des Spielers und deren Schadenswirkung auf den Spieler sowie die Soundeffekte sind darauf ausgerichtet, die Erregung des Spielers zu erhöhen. Dessen Aufgabe ist es, ruhig zu bleiben bzw. zu werden, um das Spiel möglichst effizient zu steuern (vgl. Saari et al., 2009, online).

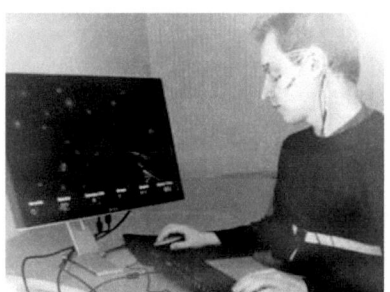

Abbildung 33: EMOShooter (Saari et al., 2009, online)

Das Spiel *Alpha-World of Warcraft* (kurz: *AlphaWoW* ; siehe Abbildung 34) von Plass-Oude Bos et al. aus dem Jahr 2010 stellt ein Derivat des bekannten Online-Rollenspiels *World of Warcraft* dar. Spielcharakter ist ein Druide, welcher seine äußere Erscheinungsform ändern kann. Diese Verwandlungen erfolgen aufgrund von EEG-

Messungen des Alpha-Wellen-Frequenzbandes am Scheitellappen des Nutzers. Mit Rückgriff auf Cantero et al. (1999) wurde davon ausgegangen, dass hohe Hirnaktivitäten im Alpha-Wellen-Bereich in Verbindung stehen mit einem mentalen Zustand der entspannten Wachsamkeit. Im Umkehrschluss hieße dies: Geringe derartige Aktivität bedeute Stress und Aufregung. Im gestressten Zustand verwandelt sich der Spielcharakter in einen Bär und ist damit besser vor ‚physischen' Angriffen geschützt. Im entspannten Zustand erfolgt eine (Rück-)Wandlung zur Elfe, in welcher der Spielcharakter verletzlicher ist aber sich selbst heilen kann und Feinden durch Zaubersprüche aus der Ferne Schaden zufügen kann. Hierbei sollte eine Naturanalogie geschaffen werden: erregter, kampflustiger Bär versus entspannte, wachsame, mentalversierte Elfe (vgl. Gürgök, 2012, S. 376; vgl. Plass-Oude Bos et al., 2010, S. 162f.).

Abbildung 34: AlphaWoW (Plass-Oude Bos et al., 2010, S. 163)

Bacteria Hunt (2010) ist ein prinzipiell ähnliches Spiel der gleichen Forschergruppe (siehe Abbildung 35). In der Basisversion ohne BCI wird das Spielziel Fressen erreicht, indem eine Amöbe mittels Tastatureingabe über eine Bakterie bewegt wird und via Leertaste die Bakterie fressen lässt. In der Version mit BCI wird wie in *AlphaWoW* auf Alpha-Wellen zurückgegriffen. Je entspannter der Spieler, desto leichter ist die Steuerung der Amöbe (vgl. Plass-Oude Bos et al., 2010, S. 170).

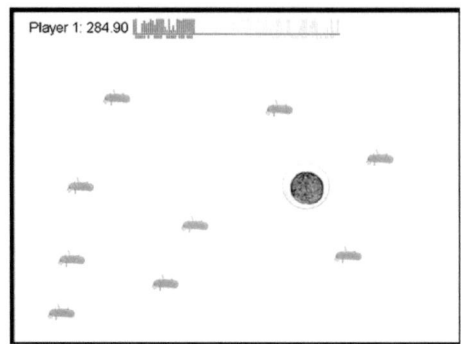

Abbildung 35: Bacteria Hunt (Plass-Oude Bos et al., 2010, S. 170)

5.3.2 EPOC und Computerspiele

Die australische Firma *Emotiv Systems* bietet mit dem *Emotiv EPOC* (siehe Abbildung 36[13]) ein EEG-BCI im Consumer-Bereich an, welches selbstverständlich nicht vergleichbar ist mit teureren EEG-Geräten aus dem medizinischen Bereich (vgl. Duvinage et al., 2013). Die zugehörige Analysesoftware *TestBench* zeigt den Datenstrom des *EPOC* inkl. EEG-Daten in Echtzeit an. Laut Herstellerangaben werde eine Erfassung von Gesichtsausdrücken, mentalen Kommandos und emotionalen Zuständen des Nutzers möglich (vgl. Emotiv EPOC Specifications, 2014, online). Letztere seien bspw. „Excitement", „Engagement", „Meditation" und „Frustration", jedoch nicht Angst (vgl. Chak 2011, S. 10). Die vom *EPOC* erfassten Daten werden hardwareseitig verschlüsselt und lassen sich nur mit Software von *Emotiv* entschlüsseln (vgl. Emotiv EPOC: Wikipedia, 2014, online).

---

13 http://www.emotiv.com/include/epoc/images/compare2.jpg

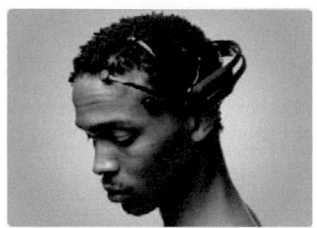

Abbildung 36: Emotiv EPOC

Emotiv offeriert auch für das *EPOC* zugeschnittene Spiele, wie z.B. *FREE* (siehe Abbildung 37). Hierin sei die Steuerung eines in einer virtuellen Welt fliegenden Spielercharakters via *EPOC* möglich. Spielziel ist es, mit Geschick so schnell wie möglich schwebende, goldene Ringe einzusammeln (vgl. FREE, 2015, online).

Abbildung 37: FREE (FREE, 2015, online)

Ein weiteres Spiel von *Emotiv* für das *EPOC* ist *StoneHenge* (siehe Abbildung 38). Dabei geht es darum, durch Konzentration und Aufmerksamkeit die Trilithen des Bauwerks wieder zu errichten (vgl. StoneHenge, 2015, online).

Abbildung 38: StoneHenge (StoneHenge,
2015, online)

Des Weiteren bietet *Emotiv* bzw. Game-Designer Stelios Avramidis das Spiel
Homecoming an (siehe Abbildung 39). Hier fungieren Emotionen als Eingabe, wobei
*Emotiv*s Software *EmoKey* zum Einsatz kommt, welche Emotionen in Tastenanschläge
auf der Tastatur umwandle. Der Spieler schlüpft in die Rolle eines Mannes, der bei der
Heimkehr in sein Dorf seine Familie ermordet vorfindet und Rache schwört. Das
Spielprinzip lautet: je wütender der Spieler, umso wirkungsvoller sind seine Attacken.
Ist der Spieler sehr wütend, kann er eine Spezialattacke ausführen. Zudem kann der
Spielercharakter auch bei null verbliebener Lebensenergie nicht sterben, solange er
wütend ist.

Abbildung 39: Homecoming (Homecoming,
2015, online)

Weniger martialisch stellt sich das *Spirit Mountain Demo Game* dar, in welchem der
Spieler diverse virtuelle Umgebungen mittels seiner ‚Gefühle' beeinflussen könne
(siehe Abbildung 40; vgl. Spirit Mountain Demo Game, 2015, online).

Abbildung 40: Spirit Mountain Demo Game (Spirit Mountain Demo Game, 2015, online)

Wang et al. kreierten zwei auf dem Einsatz von *Emotiv EPOC* basierende Spiele zum Konzentrationstraining: *Dancing Robot* und *Brain Chi*. *Dancing Robot* ist ein 3D-Einzelspieler-Spiel, in welchem der Spieler die Bewegungsgeschwindigkeit eines tanzenden Roboters kontrollieren kann: je konzentrierter der Spieler, desto schneller der Roboter, was von entsprechender Musik begleitet wird. *Brain Chi* ist ein 2D-Einzelspieler-Spiel, in dem der Spieler der virtuellen Figur eines kleinen Jungen bei der Abwehr von ihn angreifenden Fledermäusen helfen kann. Je höher die Konzentration des Spielers, desto größer ist eine Fledermäuse abwehrende Kugel, die den Jungen umgibt. Erreicht diese Kugel eine bestimmte Größe, werden alle Fledermäuse getötet und das Spiel ist gewonnen (siehe Abbildung 41; vgl. Wang et al., 2010, S. 5).

Abbildung 41: Dancing Robot und Brain Chi (Wang et al., 2010, S. 6)

Als letztes Beispiel sei an dieser Stelle das mit der Spiele-Engine *Unity* erstellte *Son of*

Nor genannt (siehe Abbildung 42[14]). Darin lassen sich in der Spielwelt mittels „Telekinese und Terraforming" Gegenstände bewegen und die Umgebung verändern, wobei dazu das *Emotiv EPOC* nutzbar ist. Zudem lässt sich auch das Head-Mounted Display *Oculus Rift* einsetzen (vgl. Wiesner, 2015, online).

Abbildung 42: Son of Nor

5.3.3 Mindwave und Computerspiele

Als Konkurrenzprodukt zum vorgestellten *Emotiv EPOC* kann das *Mindwave* von *Neurosky* angesehen werden, welches im Folgenden näher vorgestellt werden soll.

5.3.3.1 Funktionsprinzip

Das *Mindwave* (Vorgänger: *Mindset*) ist eine Art Headset der US-amerikanischen Firma *Neurosky*, welches mit einem einzelnen, trockenen EEG-Sensor bestückt ist, der an der Stirn des Nutzers aufgesetzt wird (siehe Abbildung 43). Die genaue Position kann gemäß dem bei EEG-Messungen oft angewendeten 10-20-Systems nach Jasper (vgl. Jasper, 1958, S. 374) mit „FP1" bezeichnet werden. Vorteil dieser Position ist, dass sich hier wenig störendes Haar befindet und relativ unverfälschte EEG-Daten erfasst werden

---

14 http://media.indiedb.com/cache/images/games/1/19/18033/thumb_620x2000/20130406152607.png

können. Die Position sei auch geeignet, um sog. höhere geistige Aktivitäten zu messen. Außerdem ermögliche die Nähe zum Auge eine bessere Augenblinzel-Erkennung (vgl. Neurosky Knowledge Base, 2015a, online). Als Erdung bzw. Referenz wird eine Klammer am Ohr angebracht, durch welche die eingebaute Elektronik des Headsets elektrische Störeinflüsse, wie bspw. die des Körpers des Nutzers, herausfiltern kann (vgl. Neurosky Knowledge Base, 2015b, online). Der Sensor an der Stirn und die Referenz am Ohr erfassen Potentialunterschiede bzw. Spannungen auf der Haut. Es erfolgt eine Subtraktion mittels sog. Gleichtaktunterdrückung, um als einzelner EEG-Kanal zu fungieren sowie eine Signalverstärkung um den Faktor 8000, um schwächere Signale zu verstärken. Es werden analoge und digitale Tiefpass- und Hochpassfilter angewendet, um Signale im Bereich von eins bis 50 Hz zu erhalten. Sog. Aliaseffekte werden korrigiert und es erfolgt eine Umwandlung in ein 128 Hz- bzw. 512 Hz-Signal. Das Signal wird sekündlich analysiert zur Erkennung und bestmöglichen Korrektur von Artefakten bzw. Fehlern und Signalrauschen, wobei versucht wird, soviel vom Ausgangssignal zu erhalten wie möglich. Dazu kommt ein unveröffentlichter Algorithmus von *Neurosky* zum Einsatz. Auf das gefilterte Signal wird eine schnelle Fourier-Transformation angewendet. Schließlich wird das Signal nochmals geprüft auf Artefakte und Rauschen unter Verwendung des *Neurosky*-Algorithmus (vgl. Neurosky Knowledge Base, 2015c, online).

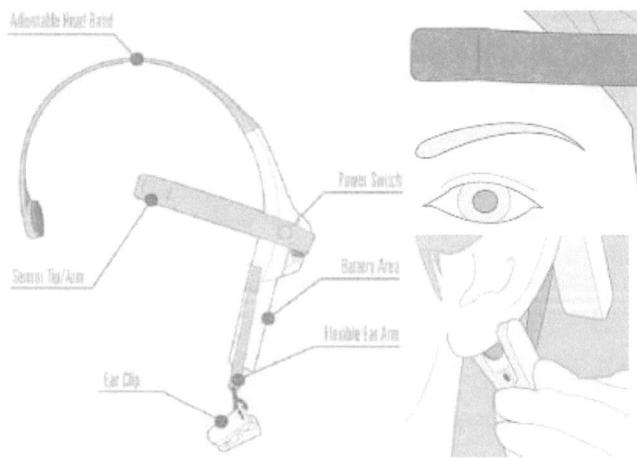

Abbildung 43: Mindwave (MindWave Mobile User Guide, 2012, S. 5 / S. 11)

Dieses nichtinvasive EEG-Messgerät namens *Mindwave* wurde wie das *Emotiv EPOC* für den Consumer-Bereich konzipiert. Es erfasst sekündlich EEG-Rohdaten, die nach diversen Hirnstromwellen-Frequenzbändern aufgegliedert sind und berechnet daraus über einen Algorithmus Werte wie „attention" und „meditation" (siehe Abbildung 44; Anm.: *Mindset* ist Vorgänger von *Mindwave*). Augenblinzeln kann daraus ebenfalls erkannt werden. Der Algorithmus im Details ist nicht veröffentlicht (vgl. Chak, 2010, S. 9; Chak, 2010, S. 20).

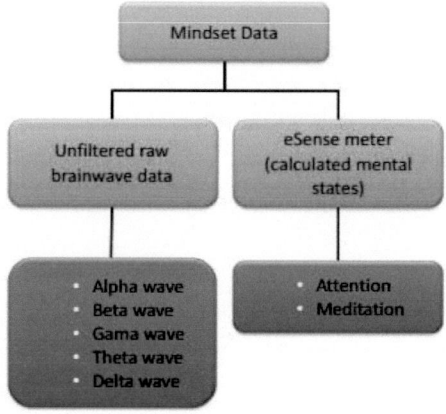

Abbildung 44: Mindwave-Daten (Chak, 2010, S. 21)

Die Firma *Neurosky* nennt die zum Einsatz kommende Technologie *ThinkGear*. Dazu zählt der Stirnsensor, die Ohr-Klammer und der im *Mindwave* integrierte Chip, über welchen Rohdaten erfasst und Werte als Repräsentanten mentaler Zustände des Nutzers („attention", „meditation") berechnet werden, inkl. Verstärkung, Filterung und Analyse des EEG-Signals. Die Daten werden an den Computer übertragen via Bluetooth (vgl. Chak, 2010, S. 22; vgl. Neurosky Knowledge Base, 2015d, online). Den geheimen Algorithmus zur Berechnung der Werte als Repräsentanten mentaler Zustände des Nutzers nennt *Neurosky eSense* und die errechneten Werte können entsprechend als *eSense*-Werte bezeichnet werden. Der „attention"-Wert leite sich mehr von den Beta-Wellen ab und der „meditation"-Wert eher von den Alpha-Wellen. *Neurosky* weist diesbezüglich explizit darauf hin, dass sie nur zu Unterhaltungszwecken verwendet werden sollten und keineswegs für therapeutische Zwecke (vgl. Neurosky Knowledge Base, 2015e, online). Die *eSense*-Werte können Zahlenwerte von eins bis hundert annehmen und ihnen können folgende Bedeutungen beigemessen werden:

Zahlenwert	Interpretation
80-100	„elevated" (deutlicher Hinweis auf erhöhten *eSense*-Wert)
60-80	„slightly elevated" (*eSense*-Wert mglw. höher als normal)
40-60	„neutral"
20-40	„reduced"
1-20	„strongly lowered"

Neurosky eSense-Werte und Bedeutung (vgl. Chak, 2010, S. 26)

Der *eSense*-Wert „attention" deute laut *Neurosky* auf die Intensität des mentalen Fokus bzw. die Aufmerksamkeit des Nutzers, wie es bei starker Konzentration und gelenkter Aufmerksamkeit beobachtbar sei. Ablenkungen, „wandering thoughts", Konzentrationsmangel und Angst könnten den „attention"-Wert verringern. Der *eSense*-Wert „meditation" weise hin auf das Niveau der mentalen Ruhe bzw. Entspanntheit des Nutzers. Der Wert beschreibe mentale Zustände, nicht körperliche, weswegen ein Entspannen der Muskeln nicht unbedingt eine unmittelbare Wirkung auf den „meditation"-Wert habe. Ablenkungen, „wandering thoughts", Angst und Aufregung könnten den „meditation"-Wert senken (vgl. Chak, 2010, S. 26).

Neben den EEG-Rohdaten und *eSense*-Werten liefert das *Mindwave* auch Informationen zur Qualität des gemessenen Signals. Zusätzlich ist auch die bereits erwähnte Erkennung von Augenblinzeln möglich (vgl. Developer Tools 2.5 Development Guide, 2015, online).

Der Datenfluss bezüglich des *Mindwave* stellt sich zusammengefasst wie folgt dar:
1. Erfassen von elektrischen Potentialunterschieden bzw. Spannungen auf der Haut durch den Stirnsensor und die Referenz am Ohr;
2. Weiterleitung der Daten zum *ThinkGear*-Chipsatz im *Mindwave*-Headset;
3. Verarbeitung der Daten durch *ThinkGear*-Chipsatz;
4. Ausgabe der Hirnstromwellen-Rohdaten und der berechneten *eSense*-Werte (als Zahlen) an den Computer
(vgl. Chak, 2010, S. 22f.).

Zur Verwaltung der drahtlosen Kommunikation zwischen *Mindwave* und Computer bietet *Neurosky* eine Software namens *ThinkGear* Connector. Diese läuft nach Start permanent im Hintergrund und stellt auf dem Computer einen sog. Socket bzw. virtuellen Kommunikationsendpunkt im Netzwerk bereit, um es Anwendungen zu erlauben, sich damit zu verbinden und Daten vom *Mindwave* zu erhalten. Somit kann jede Applikation Daten vom *Mindwave* empfangen, welche fähig ist, über Sockets zu kommunizieren (vgl. Developer Tools 2.5 Development Guide, 2015, online).

Für das *Mindwave* existiert diverse Software zur grafischen EEG-Analyse, wie bspw. *NeuroExperimenter* (NeuroExperimenter, 2015a, online; NeuroExperimenter, 2015b, online), *SmartMind Researcher's Kit* oder die sog. *NeuroSky Research Tools*. Letztgenannte beinhalten die Programme *NeuroView* und *NeuroSkyLab*. *NeuroView* erlaubt die relativ unkomplizierte Herstellung einer Datenverbindung zwischen Computer und *Mindwave* und die Aufzeichnung, Visualisierung und Aufnahme der vom *Mindwave* gelieferten Daten in Echtzeit. Die Software wurde für Anwender konzipiert, die nur geringe Erfahrung mit Elektroenzephalografie besitzen. Messdaten sind u.a. EEG-Rohsignale und die *eSense*-Werte „attention" und „meditation". *NeuroSkyLab* wendet sich eher an EEG-erfahrenere Nutzer, die auch im Umgang mit der Software *Matlab* firm sind und bietet mehr Möglichkeiten zur individuellen Anpassung (vgl. MindWave Mobile User Guide, 2012, S. 15; vgl. Mindset Research Tools, 2015, online).

5.3.3.2 Für und Wider

Grund für die nähere Betrachtung des *Neurosky Mindwave* sind dessen Vorteile. Aber auch Probleme mit dem Gerät sollen nicht unerwähnt bleiben. Im Folgenden sollen einige positive und negative Aspekte des Headsets genannt werden, wie sie Andere in Erfahrung brachten.

Typische EEG-Messgeräte nutzen eine leitende Flüssigkeit bzw. Gel, um die EEG-Signale besser zu erfassen. Trockene Sensoren, wie der des *Mindwave* sind darauf nicht angewiesen und damit leichter handhabbar (vgl. Cho & Lee 2010, S. 4). Außerdem funktioniert das *Mindwave* drahtlos und ist im Vergleich mit anderen BCIs preislich günstig und somit erschwinglicher (vgl. Chak, 2010, S. 13). Chak und Lee fällen ein positives Urteil über die kalifornische Firma und ihre Produkte: „The NeuroSky offers reliable low level EEG headsets and stable software tools for researchers and developers. Many researchers have succeeded in testing these single-channel devices in recent projects" (Cho & Lee 2010, S. 2). Ganz anders Benjamin Jillich, der sowohl die EEG-Signale als auch die *eSense*-Werte als stark instabil bezeichnet. In seiner Evaluation sei das Signal oft unterbrochen gewesen und die Werte schwierig zu interpretieren, da diese stark schwankten. Deshalb empfiehlt er die Daten nicht eins zu eins zu übernehmen sondern Wertebereiche zu definieren. Überdies würde laut Jillich auch das Anspannen von Muskeln die Werte stark beeinflussen und selbst die Entspannung der Nackenmuskulatur, welche sich auf der gegenüberliegenden Seite des Kopfes befindet, würde die *eSense*-Werte manipulieren (vgl. Jillich, 2014, S. 83ff.).

Ähnliche Probleme beschreibt Chak für das *Mindwave*-Vorgängermodell *Mindset*. Es liefert bei schwachem bzw. gestörtem EEG-Signal eben diese Information: „poor signal". Dabei setze auch die Berechnung der *eSense*-Werte aus und Datenlücken entstünden. Dies könne laut Chak auch ein nutzerspezifisches Problem sein: Mglw. ist es bei einigen Nutzern schwieriger als bei anderen, das Headset so auf dem Kopf zu justieren, dass keine Datenlücken entstehen (Chak, 2011b, S. 86). Die Ursache von Signalstörungen vermutet Chak in dem schlechten Kontakt des Sensors, den übermäßigen Bewegungen des Nutzers und den starken elektrostatischen Störquellen. Entsprechende Gegenmaßnahmen wären ein eng anliegender Sensor und weniger Bewegung des Nutzers (vgl. Chak, 2011, S. 68). Chak bezeichnet das Headset als „not the most accurate BCI", was er auf den relativ kleinen Sensor zurückführt. Es liefere aber dennoch eine Reihe von Rohdaten, die eine weitergehende Signalverarbeitung für Versierte erlaube (Chak, 2010, S. 13).

Jillich merkt an, dass das Headset durchaus in der Lage sei, zu erkennen, ob der Nutzer konzentriert oder entspannt sei. Jedoch müssen die *eSense*-Werte eher als ‚Ja-Nein-Werte' begriffen werden denn als exakte, prozentuale Werte (vgl. Jillich, 2014, S. 88).

5.3.3.3 Video-Experiment von Chak

In einem Video-Experiment von Chak mit dem *Mindwave*-Vorgänger *Mindset* zeigte sich angeblich, dass der *eSense*-Wert „attention" mit den mentalen Zuständen von Konzentration und Langeweile korreliere: Der „attention"-Wert sei höher gewesen, wenn der Proband konzentriert war und niedriger, wenn der Proband gelangweilt war (vgl. Chak, 2011c, S. 32; vgl. Chak, 2010, S. 74). Außerdem korreliere der *eSense*-Wert „meditation" mit Gemütsruhe (vgl. Chak, 2011c, S. 37), jedoch sei das Experiment bezüglich „meditation" nicht überzeugend, gibt Chak einschränkend an (vgl. Chak, 2010, S. 74).

Teil des Experiments war das Zeigen eines Videos, in welchem überraschend ein ‚Geist' erschien (siehe Abbildung 45). Besonders interessant für die vorliegende Arbeit ist die schlussfolgernde Vermutung Chaks, dass ein verminderter „meditation"-Wert nach dem Erscheinen des Geistes darauf hin deute, dass die Versuchsteilnehmer weniger ruhig waren, weil sie Angst fühlten (vgl. Chak, 2010, S. 44). Gleichermaßen verhalte es sich beim „attention"-Wert: „Anxiety may lower the attention meter levels." (Chak, 2011, S. 24).

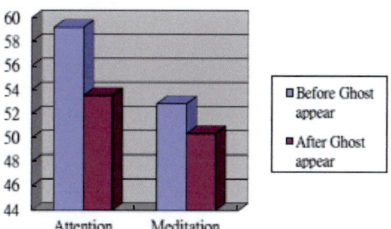

Abbildung 45: Diagramm zu „Geist erscheint"
(Chak, 2010, S. 44)

5.3.3.4 Mindset Development Tool

Die Firma *Neurosky* stellt für Entwickler und Forscher das sog. *Mindset Development Tool* (kurz: MDT) für das Erstellen von BCI-Anwendungen mittels *Mindset* bzw. *Mindwave* zur Verfügung. Damit lassen sich EEG-Daten des Headsets sammeln und das auf unterschiedlichen Betriebssystemen und unter Verwendung diverser Programmiersprachen (*C/C++*, *C#*, *Java*, *J2ME*). Das MDT enthält Dokumentationen, Gerätetreiber und Beispiel-Quelltexte. Bestandteil des MDT ist auch die bereits erwähnte Software namens *ThinkGear Connector* (siehe Kapitel 5.3.3.1). Diese im Hintergrund laufende Anwendung für *Windows* und *Max OS X* öffnet einen TCP-Port (TCP: Transmission Control Protocol; Übertragungssteuerungsprotokoll in einem Netzwerk) auf dem Computer des Benutzers, also eine Möglichkeit, um Daten des Headsets auf den Computer zu übertragen. Solange *ThinkGear Connector* läuft und mit dem Headset verbunden ist, kann jede Applikation Daten des Headsets auslesen, wenn sie via TCP kommunizieren kann (vgl. Chak, 2010, S. 21; MindWave Mobile User Guide, 2012, S. 15). Das MDT bietet dabei folgende vier Ebenen von Schnittstellen zur Kommunikation mit dem Headset an (von der höchsten zur niedrigsten Ebene):

1. *ThinkGear SDK* (für *Windows* und *Mac OS X*);
2. *ThinkGear Connector* (TGC)
(ausführbare Datei für *Windows* und *Mac OS X*);
3. *ThinkGear Communications Driver* (TGCD)
(Programmbibliotheken für *Windows*, *Windows Mobile*, *Mac OS X*, *J2ME*);
4. Kommunikations-Datenstrom (Quelltext in Programmiersprache *C*).

Die erste Ebene stellt ein sog. SDK bereit, also ein Software Development Kit bzw. eine Zusammenstellung von Hilfsmitteln zur Entwicklung einer Software. Das *ThinkGear* SDK enthält Beispiel-Quelltexte, die detailliert Möglichkeiten aufzeigen, Signale des Headsets zu empfangen und zu benutzen. Ebene zwei bietet den *ThinkGear Connector* (TGC) als ausführbare Datei. Die dritte Ebene stellt sog. Programmbibliotheken zur Verfügung, also Zusammenstellungen von Subprogrammen. Der sog. *ThinkGear Communications Driver* (TGCD) ist ein Gerätetreiber mit einer Programmierschnittstelle (englisch: API – application programming interface), welcher die Kommunikation zwischen einer Anwendung auf dem Computer und dem Headset ermöglicht – er ist verfügbar als „ThinkGear.dll". Die unterste Ebene steht für den basalen, seriellen Datenstrom, für dessen potentielle Nutzung ebenfalls Beispiel-Quelltext und Spezifikationen angeboten werden, um zu gewährleisten, dass praktisch auf jeder Computerplattform die Kommunikation mit dem Headset hergestellt werden kann (vgl. Developer Tools 2.5 Development Guide 2015, online).

5.3.3.5 Beispiel-Computerspiele

Neurosky selbst bietet diverse kleinere Computerspiele an, welche *Mindset* bzw. *Mindwave* nutzen. Hierbei handelt es sich jedoch eher um Minispiele bzw. Demospiele oder auch „simply short-form experiences intended to primarily show off the technology of the headset" (Reynolds, 2012, S. 49). Ein Beispiel wäre *The Adventures of NeuroBoy* (siehe Abbildung 46), in welchem Objekte schweben gelassen und entzündet werden können via der mentalen Zustände „attention" und „meditation" (vgl. Chack, 2010, S. 14f.).

Abbildung 46: The Adventures of NeuroBoy (The Adventures of NeuroBoy, 2015, online)

Mit einem Projekt namens *Judecca* (siehe Abbildung 47) kündigte 2008 das bekannte japanische Entwicklerstudio *Square Enix* mehr als ein Minispiel an. Es sollte ein sog. Ego-Shooter werden, in welchem der Spieler gegen Zombies antritt, wobei der *eSense*-Wert „attention" wie folgt zum Einsatz kommen sollte: Bei erhöhtem „attention"- bzw. Konzentrationsniveau werden Zombies sichtbar und somit bekämpfbar. Bei noch höherem Konzentrationsniveau wird das Gehen durch Wände in der virtuellen Welt möglich. Die Bewegungssteuerung des Spielercharakters sowie das Feuern sollte unabhängig vom Headset via Maus und Tastatur erfolgen, weswegen man von einem BCI-erweiterten Computerspiel sprechen kann (vgl. Chack, 2010, S. 15f.).

Abbildung 47: Judecca (Chack, 2010, S. 15)

5.3.3.6 Fazit

Die Entscheidung für ein EEG-Messgerät im Rahmen dieser Arbeit mündete in einem Abwägen und Vergleichen zu Gunsten des *Neurosky Mindwave*. Trotz der thematisierten Nachteile und Kontroversen bezüglich dessen Messungen und Gebrauchstauglichkeit (nur ein trockener Sensor), gaben schließlich der Kostenfaktor und die Benutzerfreundlichkeit (Usability gerade durch nur einen trockenen Sensor relativ hoch) den Ausschlag. Zudem schien das Headset auch bzgl. der ‚Angstmessung' geeigneter.

6 Spiel-Engines

Spiel-Engines sind beschreibbar als Black-Box-Systeme, welche Software von Drittanbietern (sog. Zwischenanwendungen bzw. „Middleware") nutzen (siehe Abbildung 48). Die Physik-Engine *PhysX* der Firma *Nvidia* ist bspw. eine derartige Zwischenanwendung, welche in diverse Spiel-Engines integriert ist und Berechnungen durchführt zur Simulation physikalischer Effekte bezüglich der 3D-Bildsynthese virtueller Welten (vgl. NVIDIA, 2010). Die Kommunikation mit dem Betriebssystem übernimmt die Spiel-Engine und ihre „Middleware", Entwickler können sich konzentrieren auf die Erstellung von Spielabschnitten („Levels"). Diese Erstellung von Spielabschnitten beinhaltet die Definition von Spielobjekt-Eigenschaften, Ereignissen in der Spielwelt, Animationen, etc. Die Spiel-Engine verarbeitet auch die Nutzereingaben und aktualisiert in bestimmten Zeitintervallen die Spielwelt entsprechend sich ergebender Veränderungen hinsichtlich Spielmechanik und grafischer Darstellung (vgl. Chak, 2011b, S. 22f.).

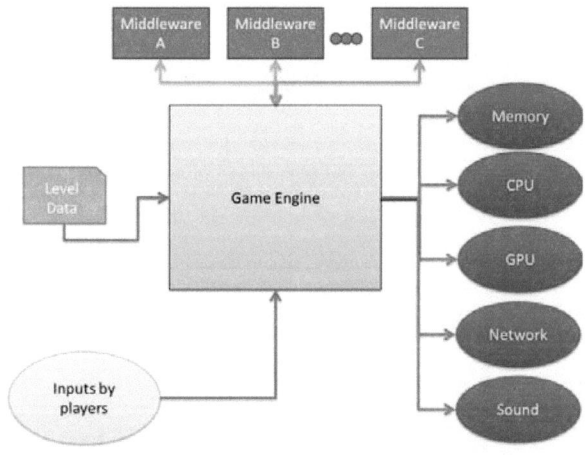

Abbildung 48: Spiel-Engine-Kontextdiagramm (Chak, 2011b, S. 22)

Spiel-Engines bestehen gemeinhin aus diversen Bestandteilen bzw. Modulen mit unterschiedlichen Funktionen:

1. Grafik-Modul;
2. Physik-Modul;
3. Kollisionserkennungs-Modul;
4. Eingabe-/Ausgabe-Modul;
5. Sound-Modul;
6. Künstliche-Intelligenz-Modul;
7. Netzwerk-Modul.

Das Grafik-Modul erzeugt die grafische Darstellung der Spielwelt, das Physik-Modul sorgt für ‚physikalisch‘ anmutendes Verhalten der Spielobjekte etc. (vgl. Petridis et al., 2010, S. 29f.).

Spiel-Engines lassen sich auch anhand von Programmieraufwand und Freiheitsgrad bei der Entwicklung in aufsteigender Reihenfolge in folgende drei typische Arten unterteilen: „roll-your-own game engines, mostly-ready game engines and point-and-click engines" (Wang et al., 2010, S. 2; vgl. Ward, 2008, online). Als am meisten verbreitete Variante gelten die „mostly-ready game engines", die meist Grafik-Modul, Physik-Modul etc. bereitstellen (vgl. Wang et al., 2010, S. 2). Die populären Spiel-Engines *Unity* und *Unreal Engine* bspw. können gelten als „mostly-ready game engines" und gehen also einen Kompromiss ein zwischen Flexibilität und Einfachheit bei der Entwicklung von Spielen.

Die Vorteile derartiger Spiel-Engines liegen auf der Hand: „‚out of the box‘ support for state-of-the-art desktop GPU rendering and physics" (Petridis et al., 2010, S. 27), intuitive statt abstrakte Spielentwicklung, Entwicklungsaufwand-Senkung (bspw. durch Wiederverwendbarkeit von Objekten und Strukturen), automatisierte Berechnungen bezüglich Grafik, Physik etc., Plattform- und Hardwareunabhängigkeit usw. Entwickler müssen sich also weniger um die Hardware kümmern, auf der ein Spiel später laufen soll und weder explizit Quelltext schreiben für die Aktualisierung der Spielelogik noch einzelne Anweisungen für die Bildsynthese (vgl. Chak, 2011b, S. 22f.).

Petridis et al. betreiben eine vergleichende Spiel-Engine-Bewertung für Serious Games nach diversen Kriterien, darunter „composability" und „fidelity". Letzteres lässt sich übersetzen mit Realitätstreue und sei in Serious Games wünschenswert, um einen potentiellen Lerneffekt aus der virtuellen in die reale Welt zu transportieren unter der Prämisse, dass je ähnlicher sich beide Welten sind, der Lerntransfer positiv beeinflusst wird. Diese Prämisse gilt es auch für das Projekt zur vorliegenden Arbeit zu berücksichtigen, wenngleich Petridis et al. zu bedenken geben, dass diese nicht für alle computerspiel-basierten Lernszenarien gelte. Übersteigerte Realitätstreue bringe nicht unbedingt einen Lerneffekt, sondern könne sogar hinderlich sein (vgl. Petridis et al., 2010, S. 28). Andererseits gelte es zu bedenken, dass erfahrene Computerspieler wahrscheinlich Spiele mit vergleichsweise geringer Realitätstreue ablehnen und somit der potentielle Nutzerkreis eingeschränkt wird (vgl. Petridis et al., 2010, S. 31). Die erwähnten Spiel-Engines *Unity* und *Unreal Engine* bspw. stellen potentiell eine relativ hohe Realitätstreue bereit, besonders die neueste Version der *Unreal Engine* setzt im Bereich Grafik Maßstäbe und begünstigt Wahrnehmungs-Phänomene wie Präsenz und Immersion beim Spieler. Verstärkt werden kann dies womöglich durch den Einsatz von Head-Mounted-Displays, gleichzusetzen seien deren Verwendung und Immersion aber nicht unbedingt (Petridis et al., 2010, S. 28). Wirklichkeitsnahe Grafik und Head-Mounted-Displays reichen also nicht für Immersion und Präsenz, die virtuelle Welt muss auch in anderen Aspekten realistisch wirken (Physik, Interaktionsmöglichkeiten, etc.). Auch dies gilt es für das Projekt zur vorliegenden Arbeit zu berücksichtigen.

Das von Petridis et al. angeführte Kriterium „composability" für die Spiel-Engine-Bewertung bezüglich Serious Games soll an dieser Stelle ebenfalls Beachtung finden. Gemeint ist damit der möglichst reibungslose und vielfältige Import von Objekten inklusive automatischer Formatkonvertierung. Dies ist bspw. hilfreich bei der Einbindung von 2D- und 3D-Objekten, welche mit diverser Software erstellt wurden (vgl. Petridis et al., 2010, S. 29).

Ein weiteres wichtiges Kriterium für die Auswahl einer Spiel-Engine besteht im Rahmen dieser Arbeit darin, dass die Spiel-Engine die Option bietet, mittels einer Programmiersprache EEG-Signalverarbeitung zu ermöglichen (vgl. Wang et al., 2010, S. 2).

Beim Vergleich diverser Spiel-Engines kristallisierten sich die bereits genannten *Unreal Engine* und *Unity* heraus durch folgende z.T. bereits erwähnten Eigenschaften:

- Hohe Realitätstreue;
- Hohe Grafikqualität (insbesondere *Unreal Engine*);
- Hohe „composability";
- Großer Funktionsumfang;
- Gute Usability bzw. Software-Ergonomie;
- Relativ leichte Erlernbarkeit;
- Vergleichsweise umfangreiche Dokumentation;
- Möglichkeit der Einbindung von *Oculus Rift* und *Mindwave*.

Unreal Engine und *Unity* sollen im Folgenden näher betrachtet werden und eine der beiden für das zu erarbeitende Konzept innerhalb der vorliegenden Arbeit ausgewählt werden.

6.1   Unreal Engine versus Unity

Beide Spiel-Engines verfügen wie erwähnt über eine relativ umfangreiche Dokumentation. Bezüglich der *Unreal Engine* findet sich dazu auch negative Kritik, wie bspw. bei Chak, der bezüglich des *Unreal Development Kit* (kurz: *UDK*; Derivat der *Unreal Engine 3*) das Fehlen von detaillierten Angaben bemängelt (vgl. Chak, 2011b, S. 85). Ob die Problematik auch für neuere Dokumentationen zur aktuellen *Unreal Engine* 4 besteht, kann an dieser Stelle nicht geklärt werden. Bei Recherchen im Rahmen der vorliegenden Arbeit schien es für *Unity* mehr deutschsprachige Videodokumentationen bzw. Tutorials zu geben, was als Vorteil gewertet wurde.

Ältere Versionen der *Unreal Engine* verwenden *UnrealScript* als eigenständige Programmier- bzw. Skriptsprache. Auch dazu findet sich Kritik, welche die Vielzahl von Klassen und deren Struktur als unübersichtlich und problematisch anprangert (vgl. Chak, 2011b, S. 85), wenngleich es Möglichkeiten gibt, Autovervollständigung und Syntaxhervorhebung zu nutzen (Chak, 2011b, S. 39). In der aktuellen *Unreal Engine 4* wurde *UnrealScript* entfernt und durch *C++* ersetzt. Da *C++* verbreiteter ist, bedeutet dies für viele potentielle Entwickler eine geringere Einstiegshürde durch den wegfallenden zusätzlichen Lernaufwand. *Unity* setzt auf die gleichsam verbreiteten Programmiersprachen *C#* und *JavaScript* und bietet ebenfalls Autovervollständigung und Syntaxhervorhebung.

Als Vorteil von *Unity* gilt dessen Möglichkeit, für zahlreiche unterschiedliche Plattformen entwickeln zu können, also „cross-platform" (Cho & Lee, 2010, S. 4) u.a. für „Spielkonsolen, mobile Geräte und Webbrowser" (vgl. Unity [Spiel-Engine]: Wikipedia, 2015, online). Es gäbe eine Vielzahl von mit *Unity* entwickelten 2D-Spielen sowie Spiele für mobile Geräte, wobei mit der Einführung der Version 4 auch die *Unreal Engine* in diesen Bereichen aufzuholen versuche (vgl. Mayden, 2014, online).

Viele recherchierte Vergleiche der beiden Engines gelten eher für jeweils ältere Versionen. Aktuell können beide Engines in vielen Kriterien als sehr ähnlich betrachtet werden und befinden sich in direktem Konkurrenzkampf. Die *Unreal Engine* galt lange in puncto Grafik überlegen, mittlerweile hat *Unity* in diesem Bereich aufgeholt. In finanzieller Hinsicht ist der Konkurrenzkampf spürbar: Die *Unreal Engine* ist seit März 2015 praktisch kostenlos (vgl. Sweeney, 2015, online), was zum Zeitpunkt der Entscheidung für eine von beiden Engines im Rahmen dieser Arbeit also noch nicht der Fall war. Dem Autor stand *Unity* 4.6.0b17 (Pro-Lizenz/Vollversion) gratis zur Verfügung. Insgesamt spielen bei der Wahl einer Software auch Faktoren wie Vorerfahrung, Präferenz und Software-Ergonomie eine Rolle. Im Rahmen dieser Arbeit war es wichtig, dass *Oculus Rift* und *Neurosky Mindwave* mit der Engine möglichst bequem nutzbar sind, was für *Unity* bezüglich *Mindwave* einfacher erschien als mit der *Unreal Engine*, wie auch Chak bereits betreffs *Unreal Development Kit* konstatierte: „There is no default component for us to connect to the Mindset" (Chak, 2011b, S. 36).

Für *Unity* gibt es mehrere solcher „Komponenten" (siehe Kapitel 8.3.2). Somit fiel die Wahl letztlich auf *Unity*.

6.2 Unreal Engine plus Mindwave Beispiele

An dieser Stelle sollen ausgewählte Umsetzungen präsentiert werden, welche die *Unreal Engine* und das *Neurosky Mindwave* nutzen. Chak entwickelte bereits 2011 mit dem *Unreal Development Kit* und dem *Mindwave*-Vorgängermodell *Mindset* einen First-Person-Shooter, welcher den *eSense*-Wert „attention" einsetzt, um bspw. einen Turm in die Höhe wachsen zu lassen oder auch einen Schutzschild um den Spielercharakter aufbauen zu lassen (siehe Abbildung 49).

Abbildung 49: ‚Konzentrationsturm' (Jackie Liu 2014: 0:50-0:59) und „Mind Shield" (Chak, 2011b, S. 79)

Ein weiteres Beispiel ist *Throw Trucks with your Mind!* (siehe Abbildung 50[15]), welches mit der *Unreal Engine 3* entwickelt wurde und das *Mindwave* einsetzt. Zudem war auch die Einbindung des *Oculus Rift* geplant (Throw Trucks With Your Mind!, 2013, online). Im Spiel werden EEG-Daten genutzt, um Gegenstände wie bspw. Lastkraftwagen zu bewegen bzw. eben zu werfen (vgl. Fehrenbach, 2014, online).

---

15 http://www.throwtrucks.com/img/ss2.jpg

Abbildung 50: Throw Trucks with your Mind!

6.3 Unity plus Mindwave Beispiele

Auch für Computerspiele, die mit der *Unity* Engine entwickelt wurden und Headsets von *Neurosky* verwenden, finden sich interessante Beispiele. So nutzten Cho und Lee Daten des *Mindwave*-Vorgängermodells *Mindset*, um daraus Werte für „attention" und „meditation" abzuleiten und je nach diesen Werten unterschiedlich viel Licht und Nebel in einer virtuellen Umgebung und damit um unterschiedliche Stimmungen zu erzeugen (siehe Abbildung 51; vgl. Cho & Lee 2014, S. 1).

Abbildung 51: Licht und Nebel (Cho & Lee 2014, S. 7)

Jillich entwickelte ebenfalls mittels *Unity* diverse Demospiele bzw. -Visualisierungen bei welchen u.a. das *Neurosky*-Headset eingesetzt wird und teilweise auch das *Oculus Rift*. Dabei werden aus EEG-Daten des Headsets, wie den *eSense*-Werten „attention" und „meditation", sog. „feedback scores" ermittelt. Eine entwickelte Anwendung ist ein Autorennspiel, welches eine Abwandlung eines *Unity*-Demoprojektes darstellt. Darin wird das virtuelle Auto hinsichtlich Beschleunigung, Bremsen etc. durch die erwähnten „feedback scores" gesteuert, das Steuern der Fahrtrichtung erfolgt via Tastatur oder Gamepad (vgl. Jillich, 2014, S. 71). Spielziel ist, durch Konzentration und Fokussierung auf Seiten des Spielers das Auto so schnell wie möglich zu bewegen. Sobald dessen Konzentration verloren ginge, würde das Auto abbremsen und stehen bleiben (siehe Abbildung 52; vgl. Jillich, 2014, S. 74).

Abbildung 52: Autorennspiel (Jillich, 2014, S. 73)

In Jillichs „palace fire scene" (siehe Abbildung 53) kann sich der Nutzer mittels Tastatur oder Gamepad in einer virtuellen Umgebung bewegen und diese via *Oculus Rift* betrachten. Wieder sind es „feedback scores" mit welchen der Nutzer versuchen kann, ein in der Szenerie platziertes Feuer anzuzünden bzw. am Brennen zu halten (vgl. Jillich, 2014, S. 71f.): „The more the user relaxes, the more active the fire becomes." (Jillich, 2014, S. 74).

Abbildung 53: „Palace fire scene" (Jillich ,2014, S. 72)

7 Oculus Rift

Ziel des Projekts zur vorliegenden Arbeit war auch die Einbindung eines Head-Mounted Displays. Für die Zukunft sind Geräte wie die *HTC Vive*, *Sonys Project Morpheus* oder das *Fove* angekündigt. Zum Zeitpunkt der Auswahl für die vorliegende Arbeit gab es keine vergleichbare Alternative zum *Oculus Rift* der Firma *Oculus VR*, welches dem Autor dieser Arbeit zudem zur Verfügung stand in den bislang erhältlichen zwei Versionen für Entwickler: Development Kit 1 (DK1) und Development Kit 2 (DK2). Die beiden Versionen im kurzen Vergleich hinsichtlich technischer Spezifikationen:

	DK1	DK2
Bildauflösung pro Auge in Pixeln	1280 x 800	1920 x 1080
OLED (organische Leuchtdiode)	nein	ja
Bildschirmgröße in Zoll	7	5,7
Latenz / Verzögerungszeit in Millisekunden	50 - 60	20 - 40
geringe Nachbildwirkung („low persistence")	nein	ja
Bildwiederholfrequenz in Hz	60	75
Orientierungserfassung („orientation tracking")	ja	ja
Positionserfassung („positional tracking")	nein	ja
Gyrometer, Beschleunigungssensoren, Magnetometer	ja	ja
Sichtfeld in Grad („field of view")	110	100
3D	stereoskopisch	stereoskopisch

Oculus Rift DK1 vs. DK2 (vgl. Popa, 2014, online)

DK2 (siehe Abbildung 54[16]) bietet also eine höhere Bildauflösung, eine höhere Bildwiederholfrequenz sowie ‚geringe Nachbildwirkung' und damit geringere Bewegungsunschärfe, einen weniger ausgeprägten sog. „Fliegengittereffekt" und eine Positionserfassung des Gerätes bzw. Kopfes des Nutzers (vgl. Popa, 2014, online; vgl. Sauter & Wochnik, 2014, online). Die aufgezeigten Unterschiede zwischen DK1 und DK2 fielen für die vorliegende Arbeit jedoch weniger ins Gewicht. Beide wurden getestet und es wurden kaum Unterschiede festgestellt, wenngleich das DK2 hauptsächlich durch die Positionserfassung im Vorteil zu sein schien.

---

16 https://s3.amazonaws.com/static.oculus.com/website/2014/03/camera_dk2.jpg

Abbildung 54: Oculus Rift DK2

Wichtig für das Projekt zur vorliegenden Arbeit war die Integration in die Spiel-Engine *Unity*. *Oculus VR* bietet mit *Oculus SDK* ein Software Development Kit mit Quelltexten, Programmbibliotheken, Dokumentationen, Beispielen und Werkzeugen zur Entwicklung (vgl. Oculus VR Downloads, 2015, online). Außerdem ist ein sog. „Oculus Unity Integration"-Paket („OculusUnityIntegration.unitypackage") verfügbar, welches für die bequeme Einbindung notwendiger Dateien in ein *Unity*-Projekt sorgen soll. Dies wurde im Rahmen des Projekts zur vorliegenden Arbeit genutzt, was jedoch zu Problemen führte (siehe Kapitel 8.3.2).

8 ‚Höhenflug‘

Dieses Kapitel thematisiert die konkrete Verwirklichung einer Projektidee zu einer Anwendung (Software) namens ‚Höhenflug‘, wobei im Vorfeld die Inspirationsquellen dazu vorgestellt sowie diverse Vorüberlegungen angestellt werden.

8.1 Inspiration

Neben bereits erwähnten Beispielen waren auch folgende Beispiel Inspiration für die vorliegende Arbeit.

Seit 1999 beschäftigt sich ein Forschungsprojekt namens *Virtual Reality and Phobias* diverser Universitäten und Einrichtungen in den Niederlanden mit der sog. *Virtual Reality Exposure Therapy* (VRET). Dabei geht es darum, Patienten mit Angststörungen in einer virtuellen Umgebung ihren Ängsten auszusetzen. Willem-Paul Brinkman stellt in diesem Zusammenhang auch eine virtuelle Umgebung zur Behandlung von Höhenangst vor, welche von Forschern um Cristina Botella von der *University of Jaume I* in Spanien entwickelt wurde. Darin kann sich der Nutzer in einem virtuellen Gebäude bewegen und sich via Head-Mounted Display umsehen, z.B. auch an einer Balustrade nach unten in die Tiefe (siehe Abbildung 55; vgl. Virtual Reality and Phobias, 2013, online).

Abbildung 55: VRET bzgl. Höhenangst

2005 berichteten Sanchez-Vives und Slater von ihrer Studie zu Höhenangst (Akrophobie) in einer virtuellen Umgebung namens *pit room* (siehe Abbildung 56). In diesem virtuellen Raum wird ein Zimmer dargestellt, in welchem der Großteil des Fußbodens in der Mitte des Raums fehlt. Darin sollten sich Probanden mittels Head-Mounted Display bewegen, wobei Puls, Atemfrequenz und elektrodermale Aktivität gemessen wurden. Fast alle Probanden bewegten sich vorsichtig am Rand des Raums, obwohl sie wussten, dass der restliche Fußboden nur virtuell fehlt. In einer weiteren Versuchsanordnung wurden zusätzlich echte Holzleisten eingesetzt, welche die Wirkung für die Probanden verstärkten, sich am Rand eines tatsächlichen Lochs zu bewegen und dementsprechend auch den Puls der Probanden zusätzlich erhöhten (vgl. Sanchez-Vives & Slater, 2005, S. 336).

Abbildung 56: pit room (Sanchez-Vives & Slater, 2005, S. 336)

Das 2007 gestartete Projekt *PlayMancer* brachte u.a. das Spiel *Islands* (siehe Abbildung 57) hervor, in welchem Biosensoren zur Emotionsregulierung eingesetzt werden können, z.B. auch bezüglich der Emotion Angst (vgl. PlayMancer, 2008, online).

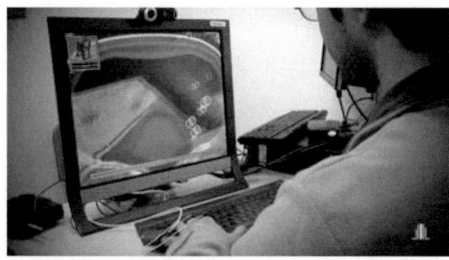

Abbildung 57: Islands (PlayMancer, 2008, online)

2011 beschrieb Runte Möglichkeiten der individuellen, virtuellen Expositionstherapie (siehe Kapitel 4.1; vgl. Runte 2011; vgl. Radkowski et al. 2011). Dabei ging es um eine dreidimensionale virtuelle Umgebung, in welcher der Nutzer seinen spezifischen Ängsten ausgesetzt werden soll und er im Stil eines Rollenspiels seinen Spielcharakter entwickeln kann (siehe Abbildung 17).

2013 veröffentlichte Matt Ostgard das mit *Unity* entwickelte Spiel *Great Power*, welches mittels *Oculus Rift* spielbar ist und worin der Spieler in einer virtuellen urbanen Umgebung ‚fliegen' kann (siehe Abbildung 58; vgl. VRWiki, 2013, online).

Abbildung 58: Great Power (VRWiki, 2013, online)

Für 2015 ist die Anwendung *Soar* (vormals *Decca*) von Justin Ponczek angekündigt (siehe Abbildung 59). Diese wurde anfangs mit *Unity* entwickelt, später auf die *Unreal Engine 4* umgestiegen. Ursprünglich sollte *Neuroskys Mindwave* zum Einsatz kommen, dann wurde jedoch das *Melon Headband* als EEG-Sensor gewählt, da dieses besser mit dem ebenfalls einzusetzenden Head-Mounted Display *Oculus Rift* nutzbar sei. In *Soar* soll der Nutzer durch eine virtuelle Umgebung ‚fliegen' und dabei ein bestimmtes Entspannungsniveau erreichen, um diverse Boni gegenüber anderen Nutzern zu erwerben.

Abbildung 59: Soar (Ponczek, 2013, online)

Womöglich auch 2015 erscheint das Biofeedback-Spiel *DEEP* (siehe Abbildung 60) von Owen Harris. Dabei sollen das *Oculus Rift* und ein eigens entwickelter Atemsensor zum Einsatz kommen, welcher die Zwerchfellausdehnung misst. Der Spieler soll eine virtuelle Unterwasserwelt erkunden können, wobei die Steuerung gewissermaßen via seiner Atmung erfolgt. Ziel ist die Vermittlung von Atemtechniken zum Entspannen als Maßnahme gegen Stress und Angst (vgl. Harris, 2015, online).

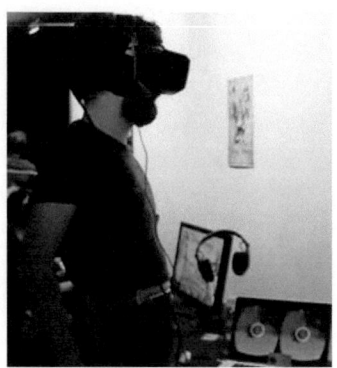

Abbildung 60: DEEP (vgl. Ginx - Videogaming Television 2015)

Größte Inspiration war das für Ende 2015 in einer finalen Version angekündigte *Nevermind*, ein „psychological horror puzzle game" (siehe Abbildung 61; Alhadeff, 2012, online). Die Entwicklung startete mittels *Unity* (Never Mind the Bollocks, 2012, online). Als Biofeedback-Sensor war zunächst ein Brustgurt der Firma *Garmin* geplant (vgl. Reynolds, 2012, S. 70). Mittlerweile existiert auch ein Angebot, den Sensor *IomPE* der Firma *Wild Divine* zu betreiben (vgl. Nevermind: Wild Divine, 2015, online), welcher Puls und Herzfrequenz-Variabilität erfasst (vgl. Learn More: Wild Divine, 2015, online). Aufgabe des Spielers ist es, sich in einer virtuellen Umgebung in Situationen zu begeben, welche potenziell Angst bzw. Stress erzeugen. Würde Angst bzw. Stress beim Spieler erkannt werden, würde das Spiel noch ‚intensiver' und schwieriger. Ziel des Spiels ist es, den Spieler zu befähigen, besser mit Angst und Stress umzugehen (vgl. Alhadeff, 2012, online).

Abbildung 61: Nevermind (TJ Smith Gaming 2015)

8.2 Vorüberlegungen

In diesem Kapitel sollen im Vorfeld zu einer konkreten Verwirklichung einer Projektidee zu einer Anwendung (Software) zunächst allgemeine Aspekte thematisiert werden. Im Anschluss wird auf Prinzipien eingegangen, welche in die Verwirklichung einflossen. Zuletzt geht es um die Problematik der Steuerung bzw. Interaktion im Projekt zur vorliegenden Arbeit.

8.2.1 Allgemeines

Die im Rahmen der vorliegenden Arbeit entwickelte virtuelle Szenerie lässt sich eigentlich weniger als klassisches Computerspiel, sondern eher als „virtual reality experience" beschreiben (vgl. Reynolds, 2012, S. 17), da es keine typischen Aufgaben zu bewältigen gilt, sondern vielmehr das Gefühl vermittelt werden soll, die in der virtuellen Welt gezeigten Szenerie zu erfahren (vgl. Reynolds, 2012, S. 17; vgl. Bogost, 2012, online). Dennoch soll einfachheitshalber auch von Spiel gesprochen werden. Dabei reiht sich das entwickelte Projekt gewissermaßen ein in die Riege der „mental state games", bei denen es um Konzentration und Entspannung geht, um bspw. das Aussehen des Spielercharakters zu verändern (siehe *AlphaWow* in Kapitel 5.3.1) oder um Objekte in der virtuellen Welt zu bewegen (siehe *Mindball* in Kapitel 5.3.1). Letzteres trifft auch für das Projekt ‚Höhenflug' zu, da ein Heißluftballon bewegt werden soll. Laut Gürgök gelte Entspannung in Spielen als beliebt, da es zu positiven affektiven Zuständen führe, die Nutzer anstreben. So würden auch solche Spiele präferiert, die entspannend wirken, auch wenn die Spielwelt an sich nicht ‚affektiv' ist. Konzentration sei ebenfalls beliebt in Spielen wegen der ‚absorbierender' Wirkung. Konzentration sei wichtiger Bestandteil bezüglich des Erlebens von Phänomenen wie Flow und Immersion. Spiele, welche Konzentration erfordern, sollten deshalb ein positives Spielerlebnis ermöglichen (vgl. Gürgök, 2012, S. 376). Da Konzentration und Entspannung auch im Projekt zur vorliegenden Arbeit essentiell sind, stellt sich die Frage, ob die geschilderten positiven Zuschreibungen diesbezüglich auch auf das Projekt zutreffen.

Ziel der im Rahmen dieser Arbeit entwickelten Anwendung ist außerdem, mittels Biofeedback das Bewusstsein des Nutzers für seine mentalen Zustände (Konzentration, Entspannung) zu erhöhen (vgl. Reynolds, 2012, S. 75). Saari et al. weisen auch auf die Problematik hin, dass es bei Biofeedback-Spielen besonders wichtig sei, zwischen der Datenerfassung und darauf beruhenden Änderungen in der Spielwelt möglichst wenig Zeit vergehen zu lassen. Im Falle von EEG-Daten setze dies eine umfangreiche Datenanalyse voraus, weswegen EEG-Sensoren für Biofeedback-Spiele nur bedingt geeignet seien (vgl. Saari et al. 2009, online). Mittlerweile scheinen aber EEG-Geräte, wie das im Projekt zur vorliegenden Arbeit eingesetzte *Mindwave*, diesem Anspruch zu genügen. Auch Jillich weist darauf hin, dass Biofeedback-Anwendungen schnell auf das Feedback reagieren müssten, weswegen er bezüglich seines Autorennspiels (siehe Kapitel 6.3) betont, dass bei unklaren Situationen im Spiel ohne Feedback der Nutzer diese Situation nicht nachvollziehen kann (Jillich, 2014, S. 71).

Durch den gewünschten Einsatz des *Oculus Rift* ergibt sich das Problem, dass weniger Platz auf der Stirn verfügbar ist, um den Sensor des *Neurosky Mindwave* optimal zu platzieren. Dennoch sollte die kombinierte Verwendung möglich sein (siehe Abbildung 52). Das Nutzererlebnis leidet aber evtl. unter dem Einsatz derart ‚sperriger' Technik. Saari et al. schlagen vor, wenn möglich die Verwendung von Sensorik so zu gestalten, dass diese ins Gesamtspielkonzept einbezogen wird. So wäre bspw. bei entsprechender Spielthematik ein ‚Detektivhut' als EEG-Sensor denkbar (vgl. Saari et al. 2009, online).

Im Fall des Projekts zur vorliegenden Arbeit gestaltet sich eine derartige Analogie jedoch schwierig.

Einwickelt wurde für Personal Computer mit dem Betriebssystem *Microsoft Windows*, „because it aligned with [my] goal to create a game that could be accessible by a large assortment of users, and also due to the fact that it was the most seamlessly compatible with [the] sensor hardware and software technology" (Reynolds, 2012, S. 65). Zudem wurde die Egoperspektive gewählt, da diese als besonders immersiv gilt (vgl. Reynolds, 2012, S. 39).

8.2.2 Prinzipien

Das Grundprinzip des zu entwickelnden EEG-Spiels ist vergleichbar mit der Arbeit von Cho und Lee (siehe Abbildung 62; vgl. Cho & Lee, 2011, S. 2), wobei im Rahmen dieser Arbeit *Unity* als „Game environment system" und *Neuroskys Mindwave* statt dessen Vorgänger *Mindset* zum Einsatz kamen.

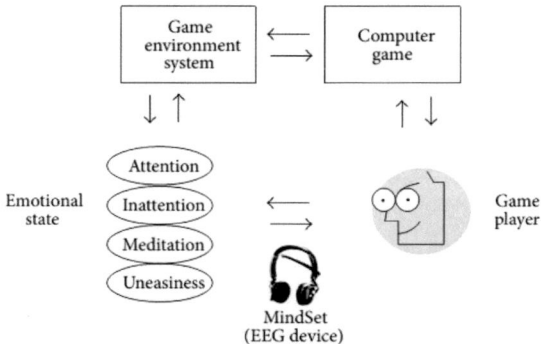

Abbildung 62: EEG-Spiel-Grundprinzip (Cho & Lee, 2011, S. 2)

Konkret sollte eine virtuelle Welt entwickelt werden, in welcher der Nutzer in einem Heißluftballon fahren kann und diesen mittels *eSense*-Wert „meditation" (‚Entspannung') des *Neurosky Mindwave* bezüglich der Höhe und mittels *eSense*-Wert

„attention" (‚Konzentration') bezüglich seiner Blickrichtung ‚steuert'.

Ziel war es auch, folgende Game-Design-Richtlinien zu beachten, welche Reynolds im Zuge der Entwicklung von *Nevermind* (siehe Kapitel 8.1) aufstellte:

> „- Seamlessly Beneficial – Any ‚health-related' components of the game need to be seamlessly integrated with the game itself. In other words, they should contribute to rather than detract from the fun of the game.
> - Minimal UI – Any necessary user interface elements need to be as minimalistic and efficient as possible while always feeling appropriate to the world and theme of the game"
>
> (Reynolds, 2012, S. 14)

Dem ersten Punkt gemäß soll im Projekt zur vorliegenden Arbeit der Nutzer nicht explizit darauf hingewiesen werden, welcher Zweck bezüglich des Themas Höhenangst möglicherweise verfolgt werden könnte.

Der zweite Punkt bzgl. minimaler „UI" (User Interface bzw. Benutzerschnittstelle) soll ebenfalls berücksichtigt werden. In diesem Zusammenhang empfiehlt Jillich für die Darstellung des Biofeedbacks eine ‚räumliche Visualisierung', sodass Nutzer einen Biofeedback-Wert prozentual erkennen können, ohne unbedingt den genauen Wert erfahren zu müssen. Hilfreich wäre hierfür bspw. ein sog. Slider bzw. Schieberegler (Balkengrafik), der auch im Projekt zur vorliegenden Arbeit eingesetzt werden soll. Jillich empfiehlt außerdem eine Art Zeitdiagramm zur Visualisierung von Biofeedback, um den zeitlichen Verlauf der Biofeedback-Werte erkennen zu können (vgl. Jillich, 2014, S. 89). Dies soll im Projekt zur vorliegenden Arbeit aber nicht umgesetzt werden.

Entsprechend dem in Kapitel 8.2.1 bereits erwähnten Aspekt der möglichst geringen Verzögerung zwischen Messdaten und deren Effekt sollte auch das Feedback möglichst synchron angezeigt werden, wie auch Reynolds akzentuiert: „Players needed to be constantly aware of their perceived stress levels in order for them to trust that the game is actually ‚listening' and responding to them" (Reynolds, 2012, S. 55). Dies soll auch in der zu entwickelnden Anwendung im Rahmen der vorliegenden Arbeit Beachtung finden.

Gilleade et al. entwarfen folgende Maximen für Affective Games (siehe Kapitel 3.3): „Assist me, challenge me, and emote me (ACE)." (Gilleade et al., 2005, S. 4). Mit „assist" ist bspw. gemeint, dass im Spiel Hinweise eingeblendet werden sollten, wenn der Spieler gemäß Biosensordaten frustriert erscheint, weil er z.B. nicht weiter weiß. Hierbei sei jedoch zu beachten, dass dies eher für Wenigspieler sinnvoll sei, da Vielspieler sich evtl. bevormundet fühlen könnten und auch schwierige Spielsituationen ohne Hilfestellungen selbst ‚durchleiden' wollen (vgl. Gilleade et al., 2005, S. 5). Im Projekt zur vorliegenden Arbeit sind derartige Hinweise nicht geplant, da hier zusätzlicher Aufwand u.a. zur Unterscheidung zwischen Viel- und Wenigspieler betrieben werden müsste. Mit „emote" ist gemeint, Emotionen zu provozieren (vgl. Gilleade et al., 2005, S. 6). Zumindest für Personen mit Höhenangst könnte dies in der Applikation zur vorliegenden Arbeit zutreffen. Unter „challenge" kann verstanden werden, den Schwierigkeitsgrad anzupassen, je nach Erregungsniveau des Spielers laut Biodaten (vgl. Gilleade et al., 2005, S. 5). Dem Projekt zur vorliegenden Arbeit ist dies gewissermaßen inhärent, da der Spieler bei Angstempfinden an Höhe verlieren soll.

Zur Thematik Schwierigkeitsgrad schlagen Radkowski et al. einen hierarchischen bzw. abgestuften Ansatz vor. Sie beziehen sich auf die sog. Virtual Reality Exposure Therapy (VRET; siehe Kapitel 4.1) bei Kindern und Jugendlichen mit posttraumatischen Belastungsstörungen (PTSD) und empfehlen eine graduelle Erhöhung des Stress-Levels beim Patienten, statt klassischer Exposition bzw. Konfrontation der Patienten mit ihren Traumata (vgl. Radkowski et al., 2011, S. 44ff.), u.a. mit folgender Begründung: „If to [sic] much anxiety arise, the game causes the opposite effect" (Radkowski et al., 2011, S. 46). Im Projekt zur vorliegenden Arbeit soll auch eine graduelle potentielle Erhöhung des Stress-Levels beim Nutzer erfolgen, indem der Nutzer nur eine relativ gemächliche Höhenveränderung erleben soll. Zudem raten Radkowski et al., in der virtuellen Umgebung einen „safe place" einzurichten, zu dem sich der Nutzer zurückziehen kann. In der zu entwickelnden Anwendung des Autors, in welcher der Nutzer in einer virtuellen Umgebung in einem Heißluftballon fahren soll, könnte dieser „safe place" durch den Blick auf den Boden des Ballonkorbes realisiert sein. Laut Radkowski et al. sollte im Idealfall eine Balance zwischen Angst und Spaß herrschen (vgl. Radkowski et al., 2011, S. 46). Reynolds äußert sich ähnlich und betont die Komponente der

Herausforderung: „A game lacking in challenges would be highly unsatisfying for players – significantly reducing the likelihood of them spending enough time with the game for it to have any potentially positive impact" (Reynolds, 2012, S. 42). Hinsichtlich einer derartigen Herausforderung besteht bei der im Rahmen dieser Arbeit zu entwickelnden Anwendung die Problematik, dass dies von unterschiedlichen Nutzern stark unterschiedlich bewertet werden könnte, weswegen entsprechende nutzerspezifische Anspassungen sinnvoll erscheinen.

8.2.3 Steuerung

Gürgök empfiehlt bei derartigen „Mental state regulation games" eine Steuerung via BCI nur für ‚langsame' Interaktionen, also Interaktionen bei denen eine größere Zeitspanne zwischen Eingabe und Reaktion liegt bzw. liegen darf. Für ‚schnelle' Interaktionen sei der Einsatz von klassischer Eingabe via Maus oder Tastatur sinnvoll – Begründung: „The speed with which we can change our state of relaxedness or concentration is much slower than the speed with which we can press buttons or use any other modality" (Gürgök, 2012, S. 376). Demgemäß soll der Nutzer in der Anwendung zur vorliegenden Arbeit ‚klassisch' via Maus und Tastatur einen Spielcharakter steuern, der sich in einem Heißluftballon befindet. Die ‚gemächlichere' Steuerung des Heißluftballons erfolgt wie bereits erwähnt mittels *eSense*-Wert „meditation" des *Neurosky Mindwave* bezüglich der Höhe und mittels *eSense*-Wert „attention" bezüglich seiner Blickrichtung.

Gürgök weist außerdem darauf hin, dass in „Mental state regulation games" üblicherweise eine ‚binäre' Steuerung vorherrscht, wie bspw. in einem Entspannungsspiel, in dem es nur die Zustände ‚entspannt' und ‚nicht entspannt' gibt. Zwischen zwei derartigen Zuständen bzw. Eingaben ein Kontinuum zu generieren sei problematisch (vgl. Gürgök, 2012, S. 376). Demgemäß wurde auch im Projekt zur vorliegenden Arbeit zwar eine visuelle Skala mittels eines sog. Sliders bzw. Schiebereglers (Balkengrafik) eingebunden, die eigentliche Steuerung funktioniert jedoch dichotom mittels Schwellenwerten. Die Nutzung von Schwellenwerten empfiehlt auch Jillich (vgl. Jillich, 2014, S. 83/88). Saari et al. verwenden in ihrem Spiel

EMOShooter (siehe Kapitel 5.3.1) ebenfalls gewissermaßen Schwellenwerte, genauer „dynamic range" (Dynamikumfang). Mit einem Algorithmus werden die psychophysiologischen Daten auch einige Sekunden rückwirkend mittels Zwischenspeicher ausgewertet, um relative Änderungen in den Werten zu erkennen. Erreicht die relative Änderung eine bestimmte Größe, erfolgt eine Interpretation als Steuerungsbefehl (Saari et al., 2009, online). Ein weiteres Beispiel für die Nutzung von Schwellenwerten ist die bereits beschriebene Hysterese in *AlphaWoW* (siehe Kapitel 5.3.1).

8.3 Spielentwicklung mit Unity

Dieses Kapitel behandelt die Entwicklung eines Spiels bzw. einer virtuellen Umgebung mit der Spiel-Engine *Unity* der Firma *Unity Technologies* (Version 4.6.0b17 Pro-Lizenz/ Vollversion) und stellt die Zusammenfassung eines Forschungspraktikums-Berichts dar, welcher in Vorbereitung zur vorliegenden Arbeit entstand (vgl. Weber, 2015). Dabei sollen sowohl die gestalterische Arbeit mit der Software als auch die Quelltext-Programmierung reflektiert werden.

8.3.1 Gestaltung

Die Gestaltung betreffend wurde zunächst ein sog. „Directional Light" in das *Unity*-Projekt eingefügt, welches die gesamte virtuelle Welt gleichmäßig aus einer Richtung erhellt und somit als virtuelle ‚Sonne' fungiert. Als nächstes ging es um den Entwurf einer virtuellen Landschaft, eines sog. „Terrains". Es wurde die Software *World Machine 2* (Basic Edition) verwendet, um das Höhenprofil einer Landschaft zu generieren (sog. „Heightmap" als 512x512-Pixel .r16-Datei; vgl. World Machine, 2015, online). Im nächsten Schritt wurde dieses Höhenprofil mit Texturen ‚überzogen' mittels des Skripts „Terrain Toolkit" von Sándor Moldán (vgl. Moldán, 2009).

Um die virtuelle Szenerie lebendiger zu gestalten, wurden sog. „Assets" integriert. Als „Assets" werden in *Unity* Ressourcen verstanden, welche komfortabel in die virtuelle Welt eingefügt werden können. Im Projekt zur vorliegenden Arbeit wurden folgende „Assets" importiert:

- „Terrain Assets" für zusätzliche virtuelle Baum-, Strauch- und Grastypen (vgl. Unity Asset Store, 2015g, online);

- Sog. „Skybox" „Blue sky 2" als ‚Himmel';

- Automobil „Ruined car" (Unity Asset Store, 2015e, online);

- Boot „Low-Poly Wooden Row Boat" (Unity Asset Store, 2015d, online);

- Brunnen „Traditional water well" (Unity Asset Store, 2015h, online);

- Brücke „Simple Wooden Bridge" (Unity Asset Store, 2015f, online);

- Fischerboot „Fishing Boat" (Unity Asset Store, 2015c, online);

- Pferd „Animated Horse" (Unity Asset Store, 2015, online);

- Haus „Country Cottage" (Country Cottage, 2015, online;

- WC-Haus „bathroom" (Bathroom, 2015, online;

- Schmetterling „Butterfly with Animations" (Unity Asset Store, 2015b, online);

- Wasser „Water4Example Advanced" (Standard Asset (Pro Only));

- „First Person Controller" (Standard Asset) für Perspektive und Steuerung des Spielercharakters;

- Heißluftballon (Domawe, 2015, online).

Damit den Objekten in der virtuellen Welt gewissermaßen physikalische Attribute verliehen werden, kommt die Physik-Engine *PhysX* der Firma *Nvidia* als Zwischenanwendung („Middleware") zum Einsatz. So kann ein realitätsnäheres Verhalten der Objekte in der Spielwelt hervorgerufen werden, durch Kollisionsberechnungen und Berechnungen von simulierten Kraftwirkungen auf die Objekte. Voraussetzung ist die Definition von sog. „Rigidbodies" und „Collidern" durch den Entwickler. Zusätzlich wurde dem virtuellen Heißluftballon der Partikeleffekt „Torch" plus Geräusch einer Zündflamme hinzugefügt, um die Gestaltung der Spielwelt zu bereichern (siehe Abbildung 63; vgl. Weber, 2015, S. 8).

Abbildung 63: Heißluftballon-Zündflamme

Die grafische Benutzeroberfläche (kurz: GUI für graphical user interface) im Spiel wurde wie folgt konzipiert (siehe Abbildung 64): Ein Schriftzug in der linken oberen Bildschirmecke deutet auf den Aufruf des Pausemenüs. Oben rechts wird die Flughöhe des Heißluftballons und der *eSense*-Wert „meditation" dargestellt. Ergänzend zu Letztgenanntem wird darunter vertikal ein Balken angezeigt, welcher diesen Wert grafisch repräsentiert, inklusive gemäß dem Wert erscheinenden Pfeilen: Der Pfeil nach oben erscheint, wenn der Meditationswert größer 49 ist, der Pfeil nach unten, wenn der Wert kleiner 50 ist. Ähnliches gilt für eine Balkengrafik am unteren Bildschirmrand bezüglich des *eSense*-Wertes „attention", wobei hier nur ein Pfeil eingesetzt wurde, welcher beim Überschreiten des Grenzwertes 49 erscheint. Sinn der Balkengrafiken ist ein permanentes direktes visuelles Feedback der Messwerte des *Mindwave* (vgl. Chak, 2011b, S. 46/61; vgl. Weber, 2015, S. 9).

Abbildung 64: GUI

Das Pausenmenü wird aktiviert über die Escape-Taste der Tastatur und offeriert die Optionen ‚Weiter‘, ‚Neustart‘ und ‚Ende‘ (siehe Abbildung 65).

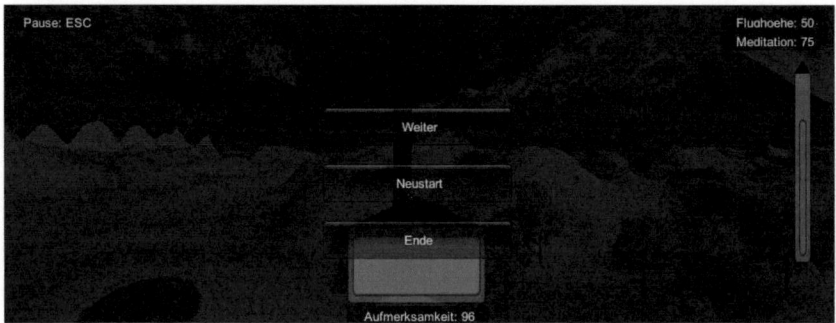

Abbildung 65: Pause-Menü

8.3.2 Quelltexte

Der Hersteller *Neurosky* offeriert für das *Mindwave* das sog. *ThinkGear SDK* (SDK; Software Development Kit), einschließlich API (application programming interface /Programmierschnittstelle), Dokumentationen und der Programmbibliothek „ThinkGear.dll“, welche als Plug-in in *Unity* integrierbar ist. Zusätzlich ist der Import der Datei „ThinkGear.cs“ in das jeweilige *Unity*-Projekt nötig. „ThinkGear.cs“ ist ein *C#*-Skript, das die Nutzung der Unterprogramme aus „ThinkGear.dll“ in *Unity* ermöglicht als Methoden der Klasse „ThinkGear“. Die typische Reihenfolge der „ThinkGear“-Methodenaufrufe beginnt mit dem Verbindungsaufbau zum *Mindwave* via „ThinkGear.TG_GetNewConnectionId“ und „ThinkGear.TG_Connect“, welche im Projekt zur vorliegenden Arbeit in die für Initialisierungen bestimmte *Unity*-Methode „Start“ integriert wurden (vgl. Weber, 2015, S. 11ff.):

```
int handleID = ThinkGear.TG_GetNewConnectionId();

ThinkGear.TG_Connect ( handleID, "COM3", ThinkGear.BAUD_9600,
                                 ThinkGear.STREAM_PACKETS );
```

Als nächster wichtiger Schritt werden die *Mindwave*-Daten ausgelesen mittels „TG_ReadPackets" und „TG_GetValue" innerhalb der *Unity*-Methode „FixedUpdate". „FixedUpdate" wird wiederholt aufgerufen und ist für weniger häufige Wiederholungen bezüglich der von *Unity* erzeugten Einzelbilder zweckmäßig – so auch für das Projekt zur vorliegenden Arbeit. „TG_ReadPackets" überprüft die vom *Mindwave* erhaltenen Datenpakete und „TG_GetValue" interpretiert diese Datenpakete als *eSense*-Werte „meditation" und „attention" (vgl. Weber, 2015, S. 13f.):

```
ThinkGear.TG_ReadPackets ( handleID, -1 );


meditation              = ThinkGear.TG_GetValue ( handleID,
                                      ThinkGear.DATA_MEDITATION );
aufmerksamkeit          = ThinkGear.TG_GetValue ( handleID,
                                      ThinkGear.DATA_ATTENTION );
```

Schließlich wird die Verbindung zum *Mindwave* wie folgt terminiert:

```
ThinkGear.TG_FreeConnection( handleID );
```

Zur Integration des Head-Mounted Displays *Oculus Rift* der Firma *Oculus VR* in *Unity*: Diese ist möglich via Import der von *Unity* angebotenen Datei „OculusUnityIntegration.unitypackage", welche automatisch diverse Dateien in das jeweilige *Unity*-Projekt einfügt, wie die Programmbibliothek „OculusPlugin.dll" sowie das sog. Prefab „OVRPlayerController.prefab", wobei Prefabs in *Unity* übergeordnete Spielobjekte („GameObjects") sind mit vom Ersteller definierten Attributen. „OculusPlugin.dll" gestattet *Unity* (unter *Microsoft Windows*) den Informationsaustausch mit dem *Oculus Rift*. Durch die Nutzung von „OVRPlayerController.prefab" wird ein Spielercharakter in das *Unity*-Projekt integriert, der es erlaubt, sich mittels *Oculus Rift* durch die virtuelle Welt zu bewegen. Der Einsatz von „OculusUnityIntegration.unitypackage" (Version 0.4.4 beta) im Projekt zur vorliegenden Arbeit brachte Schwierigkeiten mit sich und es bedurfte geringfügiger Änderungen in diversen Skripten.

Dennoch kam es beim Ausführen der aus dem *Unity*-Projekt generierten Datei zu einer Fehlermeldung bezüglich der 3D-Computergrafik-Programmierschnittstelle (API) *Direct3D*, welche von *Unity* standardmäßig genutzt wird. Eine Lösung dafür ist unbekannt. Denkbar wären folgende Vorschläge (vgl. Weber, 2015, S. 15f.):

- Verwendung von *OpenGL* statt *Direct3D;*
- Aktualisierung des SDK bzw. „OculusUnityIntegration.unitypackage"
(von Version 0.4.4 bspw. auf Version 0.5.0.1);
- Aktualisierung der Firmware des *Oculus Rift*
(hier verwendet: Version 2.12 des *Oculus Rift* DK2);
- Upgrade von *Unity* (hier verwendet: Version 4.6.0b17) auf Version 4.6.1
oder höher (mit hier benutzter *Unity*-Lizenz unmöglich);
- Kombination der gemachten Vorschläge (vgl. Weber, 2015, S. 16f.).

Es bleibt zu konstatieren, dass der Einsatz des *Oculus Rift* im Projekt zur vorliegenden Arbeit nicht gelang. Im Folgenden sollen einige weitere Erläuterungen zum erstellten Quelltext in *Unity* vorgenommen werden. Zum Pausemenü: Hier wurde die Methode „setActive" eingesetzt, mit welcher sich Objekte in der virtuellen Welt aktivieren und deaktivieren bzw. anzeigen und ausblenden lassen. Konkret wurde ein abgedunkeltes, semitransparentes 2D-Objekt namens „Panel" benutzt, um im Pausemenü den Hintergrund darzustellen. Der entsprechende Aufruf in der Standardfunktion „OnGUI" für Anweisungen zur grafischen Benutzeroberfläche lautet (vgl. Weber, 2015, S. 17):

```
panel.SetActive ( true );
```

Vorher wurde eine Referenz von „Panel" innerhalb der Standardfunktion „Start" gesichert, um zu gewährleisten, dass „Panel" im weiteren Verlauf eindeutig adressierbar bleibt. Hierzu ist die Methode „Find" geeignet (vgl. Weber, 2015, S. 17):

```
panel = GameObject.Find ( "Panel" );
```

99

Im Pausemenü wurde außerdem die Steuerung des Spielercharakters inkl. virtueller Kamera per Maus deaktiviert:

```
firstpersoncontroller.GetComponent<MouseLook>().enabled        = false;
Camera.main.GetComponent<MouseLook>().enabled                  = false;
```

Die Steuerung der ‚Zeit' in der virtuellen Welt erfolgt über die Methode „timescale". Bei Aufruf des Pausemenüs wird die ‚Zeit' in der virtuellen Welt angehalten mit:

```
Time.timeScale = 0;
```

Wählt der Nutzer im Pausemenü „Weiter", wird dies rückgängig gemacht mit:

```
Time.timeScale = 1;
```

Die Methode „InvokeRepeating" sorgt für den wiederkehrenden Aufruf einer definierbaren Funktion nach angebbaren Zeitabständen. Hiermit wurde konkret eine Funktion aufgerufen, welche das Geräusch einer Heißluftballon-Zündflamme abspielt:

```
InvokeRepeating ( "BallonFlammenSoundAbspielen", 0, 3.4F );
```

Die aufgerufene Funktion „BallonFlammenSoundAbspielen" spielt das Geräusch ab, wenn der *eSense*-Wert „meditation" größer als 49 ist. Parallel dazu wird auch ein sog. Partikeleffekt zur Visualisierung einer Zündflamme sichtbar gemacht:

```
void BallonFlammenSoundAbspielen () {
        if ( meditation > 49 ) { audio.PlayOneShot ( ballonflammensound );
                                 ballonflamme.emissionRate = 150.0f; }
        else {                   audio.Stop ();
                                 ballonflamme.emissionRate = 0.0f; } }
```

Für die vertikale Steuerung des virtuellen Heißluftballons wurde eine Variable ‚gravitation' als dreidimensionaler Vektor mit dem Wert 0,025 für y (also auf der y-Achse im Koordinatensystem) initialisiert:

```
public Vector3 gravitation = new Vector3 ( 0, 0.025f, 0 );
```

Dieser Vektor wurde mittels „transform" auf den Ballon appliziert, um gewissermaßen Schwerkraft auf den Ballon wirken zu lassen. Außerdem wird gleichsam via „transform" je nach Meditationswert in die entgegengesetzte Richtung gewirkt und dem Ballon so sozusagen ‚Auftrieb' gegeben. Die entsprechenden Quelltextzeilen finden sich in der *Unity*-Standardfunktion „FixedUpdate", die als ideal gilt für ‚physikalische' Änderungen in der virtuellen Welt. Die Quelltextzeilen haben Einfluss auf den Ballon, weil sie zu einem Skript gehören, welches in *Unity* mit dem Ballon verbunden wurde (vgl. Weber, 2015, S. 19):

```
transform.position = new Vector3 ( transform.position.x, transform.position.y +
                        ( meditation * 0.0007f ), transform.position.z );
transform.position -= gravitation;
```

Die horizontale Steuerung des Ballons bzw. die Bewegung des Ballons in Blickrichtung des Spielercharakters wird ‚angestoßen', wenn der *eSense*-Wert „attention" bzw. „aufmerksamkeit" über den Wert 49 hinaus geht. Dazu wird zunächst die Blickrichtung der Standardkamera eines *Unity*-Projekts als dreidimensionaler Vektor registriert und dieser xz-planar gemacht (vgl. Unity Answers, 2012, online). Anschließend wird „AddForce" eingesetzt, um den Ballon gemäß der registrierten Blickrichtung zu bewegen (vgl. Weber, 2015, S. 20):

```
if ( aufmerksamkeit > 49 ) {
        bewegungsRichtung    = Camera.main.transform.forward;
        bewegungsRichtung.y  = 0.0f;
        rigidbody.AddForce ( bewegungsRichtung, ForceMode.Impulse ); }
```

Bei den dargestellten Methoden bzw. Funktionen kam die *Unity Scripting API* als Referenz zum Einsatz (vgl. Unity Documentation, 2015, online). Der Quelltext findet sich nochmals in Kapitel 11.1.

8.4 Erweiterungen und Verbesserungen

In diesem Kapitel sollen einige denkbare Erweiterungen und Verbesserungen des Spielkonzepts für die vorliegende Arbeit thematisiert werden.

Mayr und Petta schlagen bezüglich Serious Games zur Behandlung von Kindheitstraumata vor, eine Einführung für den Nutzer ins Spiel zu integrieren. Darin könnten Erklärungen zum Spiel und Abfragen zur emotionalen Befindlichkeit des Spielers implementiert werden (Mayr & Petta, 2013, S. 60f.). Plass-Oude Bos et al. argumentieren für die Integration eines Trainings zu Beginn von EEG-Spielen, um Nutzer mit dem Biosensor vertraut zu machen, ohne Langeweile zu provozieren. So könnten Spieler während dieser Trainingsphase bspw. auch noch die Steuerung des Spiels komplett via Tastatur und Maus vornehmen, um dann langsam in Richtung Steuerung via BCI ‚umgewöhnt' zu werden (Plass-Oude Bos et al., 2010, S. 167).

Wie in Kapitel 8.2.2 erwähnt könnte es auch sinnvoll sein, gemäß dem Prinzip „assist me" für Wenigspieler Hinweise einzublenden, falls diese laut EEG frustriert erscheinen (wobei die Erfassung dieses Zustandes problematisch erscheint) sowie gemäß dem Prinzip „challenge me" nutzerspezifische Schwierigkeitsgrade zu implementieren. Gilleade et al. stellten dazu fest, dass bei Spielen mit Biosensoren-Steuerung zwischen Vielspielern und Wenigspielern unterschieden werden sollte, denn:

> „Players who frequently played videogames reported that they had more fun if the game was attuned to small physiological changes, whereas those players who rarely played videogames reported that they had more fun when it was attuned to large physiological changes"
>
> (Gilleade et al., 2005, S. 4)

Die Forscher erklären sich dies durch Untersuchungen des Pulses der Spieler und beobachteten, dass Wenigspieler physiologisch stärker auf Reize im Spiel reagierten als Wenigspieler, was auf einen Gewöhnungseffekt zurückzuführen sei (vgl. Gilleade et al., 2005, S. 4). Ob dies jedoch auch auf BCI-Spiele transferierbar ist, bleibt unklar.

Bezüglich BCI-Spielen und Nutzerspezifität prägen Saari et al. den Begriff „psychological customization" und empfehlen, Spielinhalte und Darstellungen des Spiels zu variieren, je nach „user-specific affective adaptation". Ein Nutzerprofil könne genutzt werden zur Beeinflussung des emotionalen Spielerlebnisses (vgl. Plass-Oude Bos et al., 2010, S. 161; vgl. Saari et al., 2009, online). Auch Cho und Lee sprechen sich für Nutzerprofile aus und empfehlen: „Implement more precise game environment system according to physiological signal related to players' age classification, ethnic group, and so forth" (Cho & Lee, 2010, S. 8).

In Jillichs Autorennspiel (siehe Kapitel 6.3) ist es möglich, die BCI-Steuerung mittels Tastatur- bzw. Mauseingaben in bestimmten Situationen zu ‚überstimmen' (Jillich, 2014, S. 70f.). Dies wäre auch hinsichtlich der Steuerung der Applikation zur vorliegenden Arbeit sinnvoll, wenn sich bspw. der Heißluftballon in der virtuellen Umgebung ‚verfangen' hat und manövrierunfähig ist.

Wünschenswert erscheinen auch die Erweiterung der virtuellen Welt in der entwickelten Anwendung sowie deren lebendigere und abwechslungsreichere Gestaltung. Wie in Kapitel 8.2.1 erwähnt kann die Anwendung weniger als Spiel denn als Erlebnis in einer virtuellen Welt beschrieben werden. Eine stärkere spielerische Komponente könnte darin bestehen, dass der Spieler bestimmte Aufgaben gestellt bekommt, wofür er honoriert würde. Bezüglich der Gestaltung der grafischen Benutzeroberfläche wäre zudem ein Zeitdiagramm zur Visualisierung des Biofeedbacks denkbar. Insgesamt stellt sich hinsichtlich des Spielkonzepts die Frage, wie stark der durch die virtuelle Welt vermittelte Höheneindruck einzuschätzen ist und wie intersubjektiv divergierend dieser sich darstellt.

Diskutabel ist außerdem die in ‚Höhenflug' getroffene Wahl, zur Steuerung des Heißluftballons via *Mindwave* den Wertebereich der *eSense*-Werte ‚mittig' zu teilen (1 bis 49 bzw. 50 bis 100) bzw. die ‚Mitte' als Schwellenwert zu definieren. Geeigneter wären evtl. (mglw. nutzerspezifische) Schwellenwert-Bereiche (siehe u.a. Kapitel 5.3.1).

Erwägenswert ist auch die Frage, ob andere Sensoren wie bspw. Sensoren zur Erfassung der elektrodermalen Aktivität (evtl. zusätzlich) für das Projekt ‚Höhenflug' geeigneter gewesen wären (siehe Kapitel 5.3).

Zusammenfassend lässt sich festhalten, dass sicherlich viele Erweiterungen und Verbesserungen denkbar und sinnvoll wären. Jedoch sind diese mit zusätzlichem Aufwand verbunden, was den Rahmen der vorliegenden Arbeit sprengen würde.

9 Schluss

Nach Ansicht des Autors bieten BCI-Spiele ein großes Zukunftspotenzial, da sie interessante und neuartige Interaktionen ermöglichen und Phänomene wie Immersion begünstigen könnten. Dies war der Grund für die Wahl des Themas.

Ziel der vorliegenden Arbeit war es, ein Konzept für ein BCI- bzw. EEG-Biofeedback-Computerspiel zu entwickeln, wobei die Bezeichnung Spiel in Frage gestellt wurde. Dabei sollten Prinzipien und Erkenntnisse aus vergleichbaren Arbeiten anderer Autoren berücksichtigt werden. Angedacht war ein potentieller höhenangsttherapeutischer Effekt. Außerdem sollte ein Einblick in die Thematik gegeben und es sollten ausgewählte Beispiele vorgestellt werden.

Die im Rahmen der vorliegenden Arbeit entwickelte Anwendung hat nur Konzeptstatus und ist so evtl. ungeeignet für die Höhenangst-Therapie – eine entsprechende Evaluation wäre zur Bewertung dieser Frage nötig. Der kombinierte Einsatz der Spiel-Engine *Unity* und *Neurosky Mindwave* erwies sich als praktikabel. Die geplante Nutzung des *Neurosky Mindwave* funktionierte in gewissem Rahmen, die Einbindung des *Oculus Rift* scheiterte. Möglicherweise ist das Konzept ausbaufähig, Verbesserungsvorschläge wurden gemacht. An dieser Stelle diente es als Einstieg in die Beschäftigung mit der Thematik und um potenzielle Problematiken aufzuzeigen, aber auch das Potenzial derartiger Applikationen anzudeuten und den Diskurs bezüglich der Thematik weiterzuführen.

10 Quellen

Abt, C. C. (1971). Ernste Spiele: Lernen durch gespielte Wirklichkeit. Köln: Kiepenheuer & Witsch.

Akrophobie (2014). In Wikipedia. Online 23.10.2014: https://de.wikipedia.org/wiki/Akrophobie

Alhadeff, E. (2012). Nevermind: Serious Games For Psychological Trauma Patients. Online 13.03.2015: http://seriousgamesmarket.blogspot.de/2012/12/nevermind-serious-games-for.html

Baranowski T., Buday R., Thompson D., Baranowski J. (2008). Playing for real: video games and stories for health-related behavior change. DOI: 10.1016/j.amepre.2007.09.027

Bathroom (2015). In TF3DM. Online 07.05.2015: http://tf3dm.com/3d-model/bathroom-77739.html

Bogost, I. (2012). A Portrait of the Artist as a Game Studio. Online 13.03.2015: http://www.theatlantic.com/technology/archive/12/03/a-portrait-of-the-artist-as-a-game-studio/254494/

Bundesverband Interaktive Unterhaltungssoftware e.V. (2015). Die deutsche Gamesbranche 2013. Online 01.02.2015: http://www.biu-online.de/de/fakten/marktzahlen-2013/die-deutsche-gamesbranche-2013.html

Campbell, M. (2013). Review: W/Me wearable wellness monitor and coach. Online 01.02.2015: http://appleinsider.com/articles/13/12/18/review-wme-wearable-wellness-monitor-and-coach

Chak, L. K. (2010). Unleashing Brain Powers: A Study on Development of BCI-enhanced Computer Games II. Online 10.09.2014:
http://www.cse.cuhk.edu.hk/lyu/_media/students/sem1_complete_report.pdf

Chak, L. K. (2011). Unleashing Brain Powers: A Study on Development of BCI-enhanced Computer Games IV. Online 10.09.2014:
http://www.cse.cuhk.edu.hk/lyu/_media/students/lyu1006finalreport-part1_bcianalysis_.pdf

Chak, L. K. (2011b). Unleashing Brain Powers: A Study on Development of BCI-enhanced Computer Games. Online 10.09.2014:
http://www.cse.cuhk.edu.hk/lyu/_media/students/lyu1006finalreport-part2_bcigame_.pdf

Chak, L. K. (2011c). Unleashing Brain Powers: A Study on Development of BCI-enhanced Computer Games III. Online 10.09.2014:
http://www.cse.cuhk.edu.hk/lyu/_media/students/sem1_presentation.pdf

Cho, O.-H., & Lee, W.-H. (2014). BCI Sensor Based Environment Changing System for Immersion of 3D Game. International Journal of Distributed Sensor Networks, 2014, e620391. Online 01.02.2015:
http://doi.org/10.1155/2014/620391

Christy, T., & Kuncheva, L. I. (2014). Technological Advancements in Affective Gaming: A Historical Survey. GSTF Journal on Computing, 3(4). Online 10.09.2014:
http://pages.bangor.ac.uk/~mas00a/papers/tclkIJC14.pdf
Consumer-BCI-Vergleich (2014). In Wikipedia. Online 23.10.2014:
https://en.wikipedia.org/wiki/Comparison_of_consumer_brain-computer_interfaces

Country Cottage (2015). In TurboSquid. Online 07.05.2015:
http://www.turbosquid.com/FullPreview/Index.cfm/ID/689373

Deutscher Kulturrat (2015). Kunst und Spiele sind keine getrennten Welten. Online 01.02.2015:

http://www.kulturrat.de/pdf/1374.pdf

Developer Tools 2.5 Development Guide (2015). Online 23.01.2015:

http://developer.neurosky.com/docs/doku.php?id=developer_tools_2.5_development_guide

Domawe (2015). Hot Air Balloon 3D Model Free Download. Online 07.05.2015:

http://3dmodel.domawe.com/2014/10/hot-air-balloon-3d-model-free-download-3.html

Duvinage, M., Castermans, T., Petieau, M., Hoellinger, T., Cheron, G., & Dutoit, T. (2013). Performance of the Emotiv Epoc headset for P300-based applications. BioMedical Engineering OnLine, 12(1), 56.

Elektroenzephalografie (2014). In Wikipedia. Online 23.10.2014:

https://de.wikipedia.org/wiki/Elektroenzephalografie

Elm City Stories (2014). Online 02.02.2015:

https://www.edsurge.com/playforward-elm-city-stories-product

Emotiv EPOC (2014). In Wikipedia. Online 23.10.2014:

http://emotiv.wikia.com/wiki/Emotiv_EPOC

Emotiv EPOC Specifications (2014). Online 23.10.2014:

https://emotiv.com/product-specs/Emotiv EPOC Specifications 2014.pdf

FearNot (2013). Online 02.02.2015:

http://sourceforge.net/projects/fearnot/

Fehrenbach, A. (2014). Online 13.03.2015:

http://www.zeit.de/digital/games/2014-06/biometrie-in-games/seite-2

FREE (2015). Online 24.01.2015:

http://www.emotiv.com/store/product_104.html

Filmförderungsanstalt (2015): Das Kinoergebnis 2013. Online 01.02.2015:

http://www.ffa.de/downloads/marktdaten/1_Fuenf_Jahre_Blick/08bis13_jahresabschlus
s.pdf

Gilleade et al. (2005). Affective Videogames and Modes of Affective Gaming: Assist
Me, Challenge Me, Emote Me. Online 01.02.2015:

http://www.digra.org/wp-content/uploads/digital-library/06278.55257.pdf

Ginx - Videogaming Television. (2015, 16.03.). EGX REZZED: Deep - Owen Harris
(Interview) [Onlinevideo]. Abgerufen von
[https://www.youtube.com/watch?v=oqhApyqv9KI] am 21.03.2015.

Göbel, S., Mehm, F., Wendel, V., Konert, J., Hardy, S., Reuter, C., & Dutz, T. (2014).
Erstellung, Steuerung und Evaluation von Serious Games. Informatik-Spektrum, 37(6),
547–557.

Gürkök, H., Nijholt, A., & Poel, M. (2012). Brain-computer interface games: Towards a
framework. In Entertainment Computing-ICEC 2012 (S. 373–380). Springer. Online
02.02.2015:

http://link.springer.com/chapter/10.1007/978-3-642-33542-6_33

Harris, O. (2015). DEEP. Online 13.03.2015:

http://owenllharris.com/deep

Hilsendeger, A. (2010). Steady-State VEP-Based Brain-Computer Interface Control in
an Immersive 3D Gaming Environment. Online 23.10.2014:

http://www.techfak.uni-bielefeld.de/~afinke/vortrag.pdf

Homecoming (2015). Online 24.01.2015:
http://www.emotiv.com/store/product_277.html

Intel RealSense SDK (2015). Online 02.02.2015:
https://software.intel.com/de-de/intel-realsense-sdk

Jackie Liu. (2014, 13.12.). Potential Future of Video Games: Lightweight Brain-
Computer-Interface [Onlinevideo]. Abgerufen von
[http://www.youtube.com/watch?v=CgOkyTpS6FQ] am 21.03.2015.

Jasper, H. H. (1958). The ten-twenty electrode system of the International Federation.
In: Electroencephalography and clinical neurophysiology. 10, 1958, S. 371–375 (Ist
Anhang des Artikels Report of the committee on methods of clinical examination in
electroencephalography. S. 370–375, DOI: 10.1016/0013-4694(58)90053-1

Jillich, B. (2014). Acquisition, analysis and visualization of data from physiological
sensors for biofeedback applications. Online 01.02.2015:
http://elib.uni-stuttgart.de/opus/volltexte/2014/9400/

Kaperczak, J. (2013). Einsatz von Serious Games im Museumskontext.

Kotsia, I., Patras, I., & Fotopoulos, S. (2012). Affective gaming: Beyond using sensors.
In 2012 5th International Symposium on Communications Control and Signal
Processing (ISCCSP) (S. 1–4). Online 01.02.2015:
http://doi.org/10.1109/ISCCSP.2012.6217768

Kotsia, I., Zafeiriou, S., & Fotopoulos, S. (2013). Affective Gaming: A Comprehensive
Survey. In 2013 IEEE Conference on Computer Vision and Pattern Recognition
Workshops (CVPRW) (S. 663–670). Online 01.02.2015:
http://doi.org/10.1109/CVPRW.2013.100

Lampert, C., Schwinge, C., & Tolks, D. (2009). Der gespielte Ernst des Lebens: Bestandsaufnahme und Potenziale von Serious Games (for Health). Online 02.02.2015: http://www.medienpaed.com/Documents/medienpaed/15-16/lampert0903.pdf

Lecuyer. (2008). Brain-Computer Interfaces. Virtual Reality, and Videogames. Online 02.02.2015: http://people.rennes.inria.fr/Anatole.Lecuyer/Lecuyer_computer_draft.pdf

Learn More: Wild Divine (2015). Online 13.03.2015: http://www.wilddivine.com/content/learn-more.html

Mayden, A. (2014). Unreal Engine 4 vs. Unity: Which Game Engine Is Best for You? Online 13.03.2015: http://blog.digitaltutors.com/unreal-engine-4-vs-unity-game-engine-best/

Mayr, S., & Petta, P. (2013). Towards a Serious Game for Trauma Treatment. In Serious Games Development and Applications (S. 64–69). Springer. Online 02.02.2015: http://link.springer.com/chapter/10.1007/978-3-642-40790-1_6

Mindset Research Tools (2015). Online 23.01.2015: http://store.neurosky.com/products/mindset-research-tools

MindWave Mobile User Guide (2012). Online 23.01.2015: http://download.neurosky.com/support_page_files/MindWaveMobile/docs/mindwave_mobile_user_guide.pdf

Moldán, S. (2009). unityterraintoolkit. Online 13.03.2015: https://code.google.com/p/unityterraintoolkit

NeuroExperimenter (2015a). Online 23.01.2015: http://store.neurosky.com/products/neuroexperimenter

NeuroExperimenter (2015b). Online 23.01.2015:
https://sites.google.com/site/fredm/neuroexperimenter

Neurosky Knowledge Base (2015a). Online 23.01.2015:
http://support.neurosky.com/kb/science/why-locate-the-sensor-at-fp1

Neurosky Knowledge Base (2015b). Online 23.01.2015:
http://support.neurosky.com/kb/science/what-does-the-ear-clip-monitor

Neurosky Knowledge Base (2015c). Online 23.01.2015:
http://support.neurosky.com/kb/science/thinkgear-measurements-mindset-protgem

Neurosky Knowledge Base (2015d). Online 23.01.2015:
http://support.neurosky.com/kb/science/what-is-thinkgear

Neurosky Knowledge Base (2015e). Online 23.01.2015:
http://support.neurosky.com/kb/science/what-is-esense

Never Mind the Bollocks (2012). Online 13.03.2015:
http://unity3d.com/showcase/case-stories/uscstudents-nevermind

Nevermind (2015). In Wild Divine. Online 13.03.2015:
http://www.wilddivine.com/nevermind

Oculus VR Downloads (2015). Online 13.03.2015:
http://static.oculus.com/sdk-downloads/ovr_sdk_win_0.4.4.zip

Petridis, P., Dunwell, I., de Freitas, S., & Panzoli, D. (2010). An Engine Selection
Methodology for High Fidelity Serious Games. In 2010 Second International
Conference on Games and Virtual Worlds for Serious Applications (VS-GAMES) (S.
27–34). Online 02.02.2015:
http://doi.org/10.1109/VS-GAMES.2010.26

Phobische Störung (2014). In Wikipedia. Online 23.10.2014:
https://de.wikipedia.org/wiki/Phobische_Störung

Plass-Oude Bos, D., Reuderink, B., van de Laar, B., Gürkök, H., Mühl, C., Poel, M., &
Heylen, D. (2010). Brain-Computer Interfacing and Games. In D. S. Tan & A. Nijholt
(Hrsg.), Brain-Computer Interfaces (S. 149–178). London: Springer London. Online
02.02.2015:
http://link.springer.com/10.1007/978-1-84996-272-8_10

PlayMancer (2008). Online 13.03.2015:
http://www.playmancer.eu

Ponczek, J. (2013). Bringing together the Rift, Mindwave Mobile, & Leap
Motion. Online 21.03.2015:
https://developer.oculusvr.com/forums/viewtopic.php?f=42&t=5477

Popa, J. (2014). Online 13.03.2015:
http://in2gpu.com/2014/08/10/oculus-rift-dk1-vs-dk2/

Putman, P., van Peer, J., Maimari, I., & van der Werff, S. (2010). EEG theta/beta ratio
in relation to fear-modulated response-inhibition, attentional control, and affective traits.
Biological Psychology, 83(2), 73–78. Online 02.02.2015:
http://doi.org/10.1016/j.biopsycho.2009.10.008

Radkowski, R., Huck, W., Domik, G., & Holtmann, M. (2011). Serious games for the
therapy of the posttraumatic stress disorder of children and adolescents. In Virtual and
Mixed Reality-Systems and Applications (S. 44–53). Springer. Online 16.03.2015:
http://link.springer.com/chapter/10.1007/978-3-642-22024-1_6

Romaine, G., & Tyrrell, J. (2014). Game Developers   Push the Edge with Intel
RealSense Technology. Online 16.03.2015:
https://software.intel.com/sites/default/files/managed/90/fb/IntelSSG_RealSenseGaming

113

.pdf

Rost, R. (2015). Intel RealSense Technology to Power Psychological Thriller Game. Online 02.05.2015: https://software.intel.com/en-us/blogs/2015/03/02/intel-realsense-technology-to-power-psychological-thriller-game

Reynolds, E. (2012). Nevermind: creating an entertaining biofeedback-enhanced game experience to train users in stress management.

Sanchez-Vives, M. V., & Slater, M. (2005). From presence to consciousness through virtual reality. Nature Reviews Neuroscience, 6(4), 332–339.

Sauter, M., & Wochnik, S. (2014). Online 13.03.2015: http://www.golem.de/news/oculus-rift-dk2-im-test-pixeldichte-schlaegt-pentile-matrix-1408-108227.html

Serious Games Berlin (2012). Was sind Serious Games? Online 02.02.2015: http://www.seriousgames-berlin.de/archiv/2012/9-12/was-sind-serious-games.html

Serious Game (2014). In Wikipedia. Online 23.10.2014: https://de.wikipedia.org/wiki/Serious_Game

Sostmann, K., Tolks, D., Fischer, M., Buron, S. (2010). Serious Games for Health: Spielend lernen und heilen mit Computerspielen? GMS Medizinische Informatik, Biometrie und Epidemiologie 6 (2). Online 23.10.2014: http://www.egms.de/static/en/journals/mibe/2010-6/mibe000112.shtml

Spirit Mountain Demo Game (2015). Online 24.01.2015: http://www.emotiv.com/store/product_73.html

StoneHenge (2015). Online 24.01.2015:
http://www.emotiv.com/store/product_95.html

Sweeney, T. (2015). If You Love Something, Set It Free. Online 28.03.2015:
https://www.unrealengine.com/blog/ue4-is-free

Throw Trucks With Your Mind! (2013). In Kickstarter. Online 13.03.2015:
https://www.kickstarter.com/projects/1544851629/throw-trucks-with-your-
mind/posts/457286

TJ Smith Gaming. (2012, 19.09.). Nevermind Game part 1 (HOLY HELL THIS
IS CREEPY) [Onlinevideo]. Abgerufen von
[https://www.youtube.com/watch?v=tY6cL3KZQUI] am 21.03.2015.
TrueSense Exploration Kit Descriptions (2015). Online 02.02.2015:
http://op-innovations.com/en/TSKdesc

Unity Answers (2012). How do I find this direction vector? Online 23.10.2014:
http://answers.unity3d.com/questions/242650/how-do-i-find-this-direction-vector.html

Unity Asset Store Webseite (2015). Animated Horse. Online 07.05.2015:
https://www.assetstore.unity3d.com/en/#!/content/16687

Unity Asset Store Webseite (2015b). Butterfly with Animations. Online 07.05.2015:
https://www.assetstore.unity3d.com/en/#!/content/20985

Unity Asset Store Webseite (2015c). Fishing Boat. Online 07.05.2015:
https://www.assetstore.unity3d.com/en/#!/content/23181

Unity Asset Store Webseite (2015d). Low-Poly Wooden Row Boat. Online 07.05.2015:
https://www.assetstore.unity3d.com/en/#!/content/780

Unity Asset Store Webseite (2015e): Ruined car. Online 07.05.2015:
https://www.assetstore.unity3d.com/en/#!/content/5909

Unity Asset Store Webseite (2015f). Simple Wooden Bridge. Online 07.05.2015:
https://www.assetstore.unity3d.com/en/#!/content/819

Unity Asset Store Webseite (2015g). Terrain Assets. Online 07.05.2015:
https://www.assetstore.unity3d.com/en/#!/content/6

Unity Asset Store Webseite (2015h). Traditional water well. Online 07.05.2015:
https://www.assetstore.unity3d.com/en/#!/content/4477

Unity Documentation (2015). Scripting API. Online 07.05.2015:
http://docs.unity3d.com/ScriptReference/index.html

Unity (Spiel-Engine) (2015). In Wikipedia. Online 13.03.2015:
https://de.wikipedia.org/wiki/Unity_(Spiel-Engine)

Vachiratamporn, V., Legaspi, R., Moriyama, K., & Numao, M. (2013). Towards the
Design of Affective Survival Horror Games: An Investigation on Player Affect. In 2013
Humaine Association Conference on Affective Computing and Intelligent Interaction
(ACII) (S. 576–581). Online 02.02.2015: http://doi.org/10.1109/ACII.2013.101

Virtual Reality and Phobias (2013). Online 13.03.2015:
http://ii.tudelft.nl/vret/index.php/Virtual_Reality_and_Phobias

VRWiki (2015). Online 02.02.2015:
http://vrwiki.wikispaces.com

Wang, Q., Sourina, O., & Nguyen, M. K. (2010). Eeg-based,, serious" games design for
medical applications. In Cyberworlds (CW), 2010 International Conference on (S. 270–
276). IEEE. Online 23.10.2014:

http://www.ntu.edu.sg/home/eosourina/Papers/PID1397361.pdf

Ward, J. (2008). What is a Game Engine? Online 02.02.2015:
http://www.gamecareerguide.com/features/529/what_is_a_game_.php?page=2

Wattanasoontorn, V., Boadaa, I., Garcíaa, R., & Sberta, M. (2013). Serious games for health. Online 23.10.2014:
http://ac.els-cdn.com/S1875952113000153/1-s2.0-S1875952113000153-main.pdf?
_tid=11bec3e6-5ac2-11e4-adc6-
00000aacb35d&acdnat=1414075209_248a1ca247f7faabf5f57292007b9e4d

Wendleder, A., Grohnert, A., Klose, S., John, M., & Siewert, J. (2011).
Bewegungsverfolgung für Präventions-und Rehabilitationsübungen: Evaluation des Kinect-Sensors und eines markerbasierten Systems. In Mensch & Computer (S. 391–396).

Weber, M. (2009): Wettbewerb als motivationaler Aspekt in Computerspielen . Eine Betrachtung ausgewählter Konzepte. München: Grin.

Weber, M. (2015). Entwicklungskonzept für ein BCI-Computerspiel unter Verwendung von Unity, Neurosky Mindwave und Oculus Rift. München: Grin.

Wiesner, Thorsten (2015): Test Son of Nor. Steine schmeißen und im Sand buddeln. Online 08.04.2015.:
http://www.golem.de/news/test-son-of-nor-steine-schmeissen-und-im-sand-buddeln-1504-113342.html

Wii-Fernbedienung (2014). In Wikipedia. Online 23.10.2014:
https://de.wikipedia.org/wiki/Wii-Fernbedienung

World Machine (2015). Terrain Export from World Machine To Unity. Online 13.03.2015:

http://www.world-machine.com/learn.php?page=workflow&workflow=wfunity

Yessad, A., Carron, T., & Labat, J. (2013). An Approach to Model and Validate Scenarios of Serious Games in the Design Stage. Online 23.10.2014: http://doi.org/10.1007/978-3-642-41175-5_27

11 Anhang

11.1 Quelltext

```
using UnityEngine;
using UnityEngine.UI;                    // fuer grafische benutzeroberflaeche
using System.Collections;

public class matw : MonoBehaviour
{
        public Vector3              gravitation = new Vector3 ( 0,0.025f,0 );
        public Slider               meditationSlider;
        public Image                dreieckHoch;
        public Image                dreieckRunter;
        public Slider               aufmerksamkeitSlider;
        public Image                dreieckMitte
        public ParticleSystem       ballonflamme;
        public AudioClip            ballonflammensound;


        private int                 handleID = -1;
        private float               meditation;
        private float               aufmerksamkeit;
        private Vector3             bewegungsRichtung;
        private bool                pausiert = false;
        private GameObject          panel;
        private GameObject          firstpersoncontroller;
```

```csharp
void Start ()
{
            handleID = ThinkGear.TG_GetNewConnectionId ();
            ThinkGear.TG_Connect ( handleID, "COM3",
                            ThinkGear.BAUD_9600,
                            ThinkGear.STREAM_PACKETS );
            dreieckHoch.enabled   = false;
            dreieckRunter.enabled = false;
            dreieckMitte.enabled  = false;

            panel = GameObject.Find ( "Panel" );
            panel.SetActive ( false );

            firstpersoncontroller = GameObject.Find ( "First Person
                                            Controller" );

            InvokeRepeating ( "BallonFlammenSoundAbspielen", 0, 3.4F );
}

void FixedUpdate ()
{
            ThinkGear.TG_ReadPackets ( handleID, -1 );
            meditation = ThinkGear.TG_GetValue ( handleID,
                            ThinkGear.DATA_MEDITATION );
            aufmerksamkeit = ThinkGear.TG_GetValue ( handleID,
                            ThinkGear.DATA_ATTENTION );
            transform.position = new Vector3 ( transform.position.x,
                            transform.position.y +
                            ( meditation * 0.0007f ),
                            transform.position.z );
            transform.position -= gravitation;
```

```
        if ( aufmerksamkeit > 49 )
        {
                bewegungsRichtung =
                        Camera.main.transform.forward;
                bewegungsRichtung.y = 0.0f;
                rigidbody.AddForce( bewegungsRichtung,
                        ForceMode.Impulse);
        }


        meditationSlider.value          = meditation;
        aufmerksamkeitSlider.value      = aufmerksamkeit;


        if ( Input.GetKey ( KeyCode.Escape ) )          // Pause-Menü
        {
                pausiert = true;
                Time.timeScale = 0;                     // Spiel anhalten
        }
}

void OnGUI()
{
        GUI.Box ( new Rect ( 10, 10, 100, 20 ), "Pause: ESC" );
        GUI.Box ( new Rect ( Screen.width - 120,  10,  110,  20 ),
                "Flughoehe: " + (int)transform.position.y );
        GUI.Box ( new Rect ( Screen.width - 120,  30,  110,  20 ),
                "Meditation: " + meditation );
        GUI.Box ( new Rect ( Screen.width/2 - 75, Screen.height - 22,
                150, 20 ), "Aufmerksamkeit: " + aufmerksamkeit );
```

```
if ( meditation < 50 )
{
            dreieckHoch.enabled   = false;
            dreieckRunter.enabled = true;
}
if ( meditation > 49 )
{
            dreieckHoch.enabled   = true;
            dreieckRunter.enabled = false;
}
if ( aufmerksamkeit < 50 )
{
            dreieckMitte.enabled  = false;
}
if ( aufmerksamkeit > 49 )
{
            dreieckMitte.enabled  = true;
}

if ( pausiert )
{
            panel.SetActive ( true );              // Abdunkeln
            firstpersoncontroller.GetComponent
                    <MouseLook>().enabled = false;
            Camera.main.GetComponent
                    <MouseLook>().enabled = false;
```

```
if ( GUI.Button ( new Rect ( (Screen.width/2 - 100),
(Screen.height/2 - 60), 200, 40 ), "Weiter" ) )
{
        Time.timeScale = 1;
        pausiert = false;
        panel.SetActive ( false );
        firstpersoncontroller.GetComponent
        <MouseLook>().enabled = true;
        Camera.main.GetComponent
        <MouseLook>().enabled = true;
}
if ( GUI.Button ( new Rect ( (Screen.width/2 - 100),
(Screen.height/2 - 0), 200, 40 ), "Neustart" ) )
{
        Application.LoadLevel ( 0 );
}
if ( GUI.Button ( new Rect ( (Screen.width/2 – 100),
(Screen.height/2 + 60), 200, 40 ), "Ende" ) )
{
        Application.Quit ();
}
        }
}


void BallonFlammenSoundAbspielen ()
{
        if ( meditation > 49 )
        {
                audio.PlayOneShot ( ballonflammensound );
                ballonflamme.emissionRate = 150.0f;
        }
```

```
                else
                {
                        audio.Stop ();
                        ballonflamme.emissionRate = 0.0f;

                }
        }


        void OnApplicationQuit()
        {
                ThinkGear.TG_FreeConnection ( handleID );

        }
}
```

11.2 Danksagung und Gender-Disclaimer

Dank geht an:

- Prof. Medienpsychologie für die Betreuung durch Benny Liebold sowie für die freundlich zur Verfügung gestellten *Oculus Rift* DK1 und DK2
- Prof. Künstliche Intelligenz für die freundlich zur Verfügung gestellte *Unity*-Lizenz
- Steve Funke für das Brainstorming vor Beginn der schriftlichen Arbeit sowie Liu Kwan Chak, Justin Ponczek und Julian Mautner für die Korrespondenz und insbesondere Erin Reynolds für die Korrespondenz und Hilfsbereitschaft
- Reinhard Weber und Anne Maria Schnabel für Korrekturen

Der Autor verzichtet im Text auf die weibliche Form zur besseren Lesbarkeit.